当代教师文化研究

赵 联 著

中国海洋大学出版社
·青岛·

图书在版编目(CIP)数据

当代教师文化研究 / 赵联著. —青岛：中国海洋
大学出版社，2022.10

ISBN 978-7-5670-3091-6

Ⅰ.①当…　Ⅱ.①赵…　Ⅲ.①教师－文化教育－研究
Ⅳ.①G451.6

中国版本图书馆 CIP 数据核字(2022)第 238227 号

出版发行	中国海洋大学出版社		
社　　址	青岛市香港东路 23 号	邮政编码	266071
出 版 人	刘文菁		
网　　址	http://pub.ouc.edu.cn		
电子信箱	appletjp@163.com		
订购电话	0532-82032573(传真)		
责任编辑	滕俊平	电　　话	0532-85902342
印　　制	北京虎彩文化传播有限公司		
版　　次	2022 年 11 月第 1 版		
印　　次	2022 年 11 月第 1 次印刷		
成品尺寸	170 mm×230 mm		
印　　张	11.75		
字　　数	206 千		
印　　数	1～1000		
定　　价	49.00 元		

前　言

　　本书的基本假设为，教师文化，特别是教师文化中所蕴含的文化价值观及价值观背后的种种假设在教师行为、教师人格以及教师的职业生活中起着重要作用，教师文化规范和影响着教师这个特定群体的思想和行为。因此只有通过分析教师文化、剖析教师文化价值观，并挖掘隐匿在教师文化价值观深处的各种假设才能理解教师的实践活动。

　　本书是基于组织文化的视角来研究教师文化的。作为学校组织成员的教师，面对各种矛盾、冲突及复杂的教育情境，会形成什么样的教师文化？这种文化具有哪些价值取向？这种文化会对教师产生怎样的影响？这些是本书主要研究的问题。

　　教师文化是教师群体在身份、地位、职业性质、共同经历、制度等因素影响下形成的价值观，渗透在教师职业生活中，形塑着教师的人格，规范着教师的行为。为了更系统和科学地研究教师文化，本书借助荷兰管理学家吉尔特·霍夫斯泰德的文化维度理论对教师文化价值观进行剖析。霍夫斯泰德的文化维度理论由于大规模的调查统计、翔实的调查数据和丰富的理论阐述，已经成为一个较成熟的文化研究理论。以这个理论所包含的权力距离、集体主义—个体主义、不确定性规避、阳刚气质—阴柔气质和长期导向—短期导向为维度，重点考察教师的师生观、与管理者的关系观、在学校中的地位观、对学校管理的评价观、工作时间观、专业权利观、职业流动观、在课堂中的话语观、合作观、培训观、焦虑感或安全感、冲突感与困惑感、教学目标观、知识技术观、教学改革观、家长角色观、职业动机观、幸福观、工作认知观、师德观、工作价值观等。

笔者通过对教师文化进行实证研究后发现，教师文化总体上来说是积极向上的。教师文化中具有工作责任感强、师生关系和谐、集体荣誉感强等诸多积极元素，当然也存在一些消极因素，因此教师文化需要完善和转型。可通过建设以提供优质公共服务为取向的服务型政府，建构以服务为取向的学校文化以及向以自然合作为取向、以服务为取向的教师文化转型等策略来促进教师文化健康发展。

目　录

第一章 绪 论

本部分主要介绍研究缘起、研究假设、研究意义,在对国内外研究进行综述的基础上提出本书的研究思路、构架和方法。

第一节 研究缘起

教师文化在教育改革、课程改革、课堂教学变革以及教师专业成长中起着重要的作用,因此,在关注教育高质量发展的时代,教师文化应当进入我们的研究视野。

了解教师文化的基本样态、揭示其形成根基是理解教师文化的重要前提。20世纪,国外有不少学者研究、分析过教师文化的特征与样态。美国教育社会学学者沃勒在《教学社会学》中采用定性方法描述教师文化,刻画出教师行为与意识的偏差,并指出学校结构序列、社会组织和学校日程安排影响着教师的专业赋权观。[①] 美国学者洛蒂在《学校教师的社会学》一书中细致地描绘了教师的复杂情感和矛盾心态,认为招聘、社会化和报酬体系深刻影响着教师文化的价值取向。[②] 美国学者萨拉松在《学校文化与变革的问题》中描述了教师文化的独特性,认为教师文化是学校所规定的课程的规则与从学校人际关系中派生出来

---

① Waller W. The Sociology of Teaching[M]. New York: John Wiley & Sons, Inc., 1961: 10.
② Lortie D C. School-Teacher: A Sociological Study[M]. Chicago: The University of Chicago Press, 1975: 192.

的对于问题的处置的习惯性规则的产物。^① 日本课程学者佐藤学在《课程与教师》中指出,教师文化是充满矛盾的^②,教师文化不仅有经验世界生成的方面,还有被符号性意义空间束缚的方面,它是基于学校与课堂的社会语脉而生成的人际关系,具有多样性与多层性^③。

这些经典论述对于研究教师文化起到了很好的启示与借鉴作用。人的职业行为、职业人格是特定职业文化的体现,某种职业文化会形成这个职业所特有的行为、思想与情感。教师文化也是如此。教师文化不但表现为意识性的、显性的规范意识、知识、技能和行为规则,而且涉及无意识的、隐性的信念、情感、习惯的多层构造。这些无意识的、隐性的信念、情感、习惯实际上就是隐匿于文化深层的基本假设,"作为一组基本假设,文化向我们界定了我们应关注的内容、事物的意义、对正发生的事物作何情绪反应和在不同的情境中采取哪种行动"^④。

第二节　研究假设

基于上述分析,本书的基本假设是:教师文化,特别是教师文化中所蕴含的文化价值观及价值观背后的种种假设在教师行为、教师人格的形成中起着重要作用。通过分析教师文化,剖析教师文化价值观,并挖掘隐匿在这些文化价值观背后的各种假设,能够更好地理解教师行为。

埃德加·沙因认为,文化这个概念最吸引人的地方就在于它使人关注表层之下的现象,指向那些潜意识水平的、看不见摸不着但确实存在强大的影响力的事物。在这个意义上,"文化对一个团体而言,其意义就如同人格或性格之于个体。我们可以看到行为的结果,但是我们通常不能看到导致某特定行为的背

---

① Sarason S B. The Culture of School & the Problem of Change[M]. Boston: Ally & Bacon,1971:11.
② 〔日〕佐藤学. 课程与教师[M]. 钟启泉,译. 北京:教育科学出版社,2003:253.
③ 〔日〕佐藤学. 课程与教师[M]. 钟启泉,译. 北京:教育科学出版社,2003:254-255.
④ 〔美〕埃德加·沙因. 组织文化与领导力[M]. 马红宇,王斌,等译. 北京:中国人民大学出版社,2011:
　 24.

后驱动力;然而,正如我们的人格和性格指导并约束着我们的行为一样,文化同样也通过团体的共有规范指导和约束着一个团体成员的行为"①。文化对一个群体而言意义重大。它是人们行为的驱动力,同时又规范和形塑着人们的行为。要了解一个群体的行为及其现象就必须去挖掘行为背后的文化因素。同样,要探究教师行为的根源就必须剖析教师文化。因为思考和行动的方式是教师文化规范在教师这个特定群体中的表达形式,群体中的每个人都体现这些思考和行动的方式。

本书研究的开展正是基于上述假设。作为学校组织成员的教师,面对各种矛盾、冲突及复杂的教育情境,会形成何种价值取向的教师文化? 这些价值取向背后隐含着什么样的基本假设? 这些基本假设可能会导致教师文化出现哪些问题? 可能会对教师产生什么样的影响与后果? 如何针对教师文化中出现的偏差与消极因素重构教师文化? 这些是本书主要研究的问题。本书以教师文化为研究的切入点,通过对教师文化的理论研究与实证分析,剖析教师文化的形成机制及其带来的后果,揭示隐匿在教师文化价值观背后的基本假设,发现教师文化中存在的不合理因素,提出重构教师文化的策略。

第三节 研究意义

本书从理论和实践两个方面分析教师文化研究的意义。

(一)理论意义

其一,教师文化研究有助于丰富对教师文化的理论研究。通过对教师文化的内涵、层次,教师文化价值观及价值观背后的基本假设等问题的研究,发掘教师文化的形成机制,整体呈现教师文化的基本样态。

其二,教师文化研究有助于探索教师文化健康发展的路径。通过理论阐释和实证研究,探索有利于教师文化健康发展的对策,为教师的专业成长提供良

① 〔美〕埃德加·沙因. 组织文化与领导力[M]. 马红宇,王斌,等译. 北京:中国人民大学出版社,2011:7.

好的环境,促进教师整体状态的提升。

(二)实践意义

其一,教师文化研究有助于发现教师文化存在的消极因素。本书借助吉尔特·霍夫斯泰德的文化维度理论,从权力距离、集体主义—个体主义、不确定性规避、阳刚气质—阴柔气质和长期导向—短期导向五个维度来考察教师文化。据此探究教师对学校组织的依赖程度、对集体的依附程度、对不确定性情境的心理承受能力及教师应如何权衡工作与生活、如何看待道德与责任。这将有助于我们深入了解教师文化价值观。

其二,教师文化研究可为相关部门制定教师发展决策提供参考。

第四节　研究综述

国内外研究者对教师文化进行了多样化的研究,为深入研究教师文化提供了扎实的基础。

一、我国教师文化研究综述

21世纪以来,随着基础教育课程改革的进行以及部分学者对国外关于教师文化研究成果的引进,我国掀起了研究教师文化的热潮。我国学者对教师文化的研究主要体现在以下几个方面。

(一)教师文化内涵研究

"教师文化是什么"是教师文化内涵的主旨,只有了解了"教师文化是什么",才能在此基础上研究教师文化的特征、本质及作用。对于"教师文化是什么",国内学者的研究是十分丰富的。

亚文化说。一是从整个社会系统而言,有学者认为,教师文化是从属于社会文化的亚文化。① 教师文化在学校内、外的社会主流文化与学生文化、课程文化、课堂文化和教学文化间起着传播、引导的作用。二是从学校系统而言,教师文化是学校文化中的亚文化。② 有学者认为,教师文化主要体现在教师的价值观念和行为方式上,是教师在长期的教育教学活动中形成和发展起来的,教师对职业的看法与观念以及由此产生的情绪和行为都属于教师文化的主要内容。

群体文化(组织文化)与个体文化说。有学者认为,群体文化是具有共同利益和价值取向的群体在长期的相互影响和利益驱动下,形成的一致的观点并产生共同遵守的行为准则;教师文化是一种群体文化,是教师群体在共同工作和生活的学校教育环境里,在合作共事的基础上形成的一些相似的实践方式、工作方式和共享的教学经验等。③ 还有学者认为,"教师文化是教师在长期的教育教学过程中共同创造和凝练出来的物质成果和精神成果的总和"④。教师在长期的教育教学过程中形成的群体文化潜移默化地渗透到教师的思想观念中,引领着教师的行为,成为对教师个体具有内在约束力的一种集体无意识。⑤ 教师个体文化是教师个体在对待教育事件、处理教育问题、对教育情境进行反应与应对的具体的、独特的方式。⑥

静态与动态说。有学者认为,静态来看,教师文化是教师群体以教育教学价值观为核心,在长期的教学与育人实践中形成的关于教师角色、教育价值、教学理念等方面的各种精神元素的总称,主要体现在教师身份文化中;动态来看,教师文化是教师以行为方式为核心在教育教学活动中表现出来的思维方式与行为方式,主要表现在教师形象文化、交往文化中。⑦

综合上述学者们从不同角度对教师文化所进行的概念界定,可以将教师文化的内涵研究归为两类,一类是从广义的教师文化出发,把教师文化看作教师

---

① 帅荣梅. 论新课程背景下的教师文化重塑[J]. 漳州师范学院学报(哲学社会科学版),2009(1):153-156.
② 陈永明. 教师教育研究[M]. 上海:华东师范大学出版社,2003:248.
③ 龙宝新. 教师文化:基于生活世界的概念重构[J]. 当代教育与文化,2009(5):25-31.
④ 孟宪乐. 教师文化:教师专业发展的生态环境[J]. 现代教育论丛,2004(1):27-30.
⑤ 张晓红,杨雪翠. 教师文化的转型研究[J]. 现代教育科学(普教研究),2005(12):49-51+48.
⑥ 龙宝新. 教师文化:基于生活世界的概念重构[J]. 当代教育与文化,2009(5):25-31.
⑦ 李润洲. 我们塑造什么样的教师文化[J]. 教育发展研究,2006(11):31-33.

在长期的共同教育实践中产生、形成与创造出的各种物质成果和精神成果;二是从狭义的教师文化出发,将教师文化看作教师在共同的时空中形成与发展起来的价值观念和行为方式。

(二)教师文化类型研究

从不同维度对教师文化进行划分,可以区分为不同的类型,具有代表性的观点如下。

一是以现有教师文化的本质特征及未来教师文化的重建方向为维度,将教师文化划分为适应型教师文化和创生型教师文化。[①] 这两种教师文化具有不同的价值取向,前者基于"效率中心,控制取向",后者立足于"主体参与,反思实践"[②]。

二是以美国文化人类学家米德的"三喻文化"理论为维度,将我国的教师文化分为后喻型教师文化和前喻型教师文化[③],前者以重复性为特征,后者则是以开放性、创新性、面向未来性为特征。有学者认为,目前我国的教师文化属于后喻型,而基础教育改革需要的教师文化是前喻型的。

三是以教育生态学为维度将教师文化划分为教师角色文化与教师生态文化。[④] 教师角色文化是教师根据已有的价值观念对自己长期以来扮演的教师角色的认同或转换,主要表现为一种角色冲突文化;教师生态文化是指教师通过自我调节内部的运行机制与外部环境之间的相互关系,促进自我的成长。

四是以教师个体或群体的价值观为区分标准,将教师文化分为隔离型与合作型。[⑤] 隔离型教师文化是以教师个体文化价值观为基础建立的,具有保守性、独立性和封闭性等特征;合作型教师文化是以教师相互合作为基础建立的,具有共享性和开放性等特征。

---

① 刘万海. 从"课程"到"教师":课程研究域的转向与教师文化重建[J]. 全球教育展望,2004(8):50-51+60.

② 刘万海. 从"课程"到"教师":课程研究域的转向与教师文化重建[J]. 全球教育展望,2004(8):50-51+60.

③ 陈力. 前喻型教师文化:基础教育课程改革的内在需要[J]. 中小学教师培训,2005(9):8-10.

④ 宋宏福. 教师文化及其对教师成长的意义[J]. 教育与职业,2004(15):92-94.

⑤ 郝明君,靳玉乐. 教师文化的变革[J]. 中国教育学刊,2006(3):70-71+74.

五是以文化形态理论为划分标准,将教师文化区分为自在的与自觉的教师文化。教师的教育观念和行为建立在天然情感、习惯、习俗、传统等基础之上,构成自在的教师文化;教师以自觉的思维,以系统化的教育规范与传承等方式,有目的地转变自我的价值理念和行为方式,构成自觉的教师文化。①

学者们从不同维度对教师文化类型进行区分,有利于对教师文化进行多视角、多维度、全方面的研究,为深入研究教师文化奠定基础。

(三)教师文化功能研究

教师文化的功能反映了教师文化的作用,包括教师文化对教师群体的影响、对校园文化建设的作用、对社会的作用和对教师本身的作用。

有学者从教师文化对教师群体的影响角度来研究教师功能,认为教师文化对教师群体起着引导教师个体树立目标、规范教师行为、凝聚群体意识、激励教师贡献和创新思维等方面的作用②;有学者从教师文化对校园文化建设的影响和作用的角度出发,认为教师文化具有引导、示范、整合以及预警等功能③;有学者从教师文化对教师和学校、社会的作用方面来研究教师文化功能④,认为教师文化对教师具有引导、凝聚、激励、约束、发展、社会区隔、团体凝聚和人格塑造等内在功能,对学校和社会具有协调、辐射、民主管理和伦理发展等外在功能⑤。

学者们对教师文化功能的研究有助于我们进一步发现、感受、了解和挖掘教师文化对个体教师、群体教师、学校、社会的重要作用,彰显教师文化研究的深刻意义。

(四)教师文化特征研究

关于教师文化的特征,有学者认为,教师文化一般与一定的社会阶层相联系,体现着某一特定社会阶层的价值观念和思想规范,具有阶级性或阶层性;教师能够在工作中自主地支配自己的工作,具有自主性;教师需要承担诸多的社

① 周建夷. 课程改革与教师文化身份的转型[J]. 基础教育,2009(7):17-21.
② 孟宪乐. 教师文化:教师专业发展的生态环境[J]. 现代教育论丛,2004(1):27-30.
③ 金崇芳. 教师文化刍议[J]. 渭南师范学院学报,2004(3):82-83.
④ 赵振杰. 论教师文化的核心、功能与结构[J]. 当代教育与文化,2010(1):97-100.
⑤ 车丽娜. 教师文化功能的多维审视[J]. 当代教育科学,2010(5):31-33.

会责任和道德责任,具有专业主义的特征。①

有学者从精神层面来探讨教师文化特征,认为教师文化具有独特性、精神性、融合性和可变性等特点。② 有学者基于传统与现代的视角,认为现代教师文化是对传统教师文化的继承与发展,是对多元文化的价值认同,是对现代社会主流文化下各种教育亚文化的整合,应具有合作理解、实践反思、兼容并包、民主平等、主动创造等特征。③

有学者基于专业化的视角,认为教师文化对于指导教师专业实践起着价值引领与行为规范的作用,应具备专业自律性、互依性、实践性和开放性等特点④;有学者从生成教育的视角分析教师文化,认为教师文化体现了生成性、情境性、开放性及互动性等特征⑤。

(五)教师文化病理研究

教师是社会成员,教师个体的利益追求和价值观未必与社会主流文化相契合。而教师文化与社会主流文化相悖则容易导致教师文化病理现象。

教师文化病理,是指教师文化功能的失调状态,这种文化病理是由教育系统内、外的各种异常因素所引起的,容易导致教师组织偏离正常发展轨道。⑥ 教师文化病理表现为教师基本的价值取向和思想观念等方面出现问题,如孤独的教师文化,实用主义至上的教师文化⑦,成绩本位、分数至上的教师文化。

学者们经分析认为,教师文化病理现象的成因是多方面的。例如,学校建筑和课堂的封闭性,教师工作的忙碌性、复杂性,教师群体的低渗透性、高持久性等造成教师间相互隔离⑧;学校内由于学科和管理的原因所形成的教研组和

① 郑金洲. 教育文化学[M]. 北京:人民教育出版社,2000:264-267.
② 章云珠. 教师文化的反思与重建[J]. 教育探索,2007(1):73-75.
③ 朱家彦. 现代教师文化的校本建构[J]. 六盘水师范高等专科学校学报,2007(1):64-68.
④ 赵炳辉. 教师文化与教师专业成长[J]. 教师教育研究,2006(4):6-10.
⑤ 李德显,韩彩虹. 生成教育视野下教师文化的特征分析[J]. 辽宁师范大学学报(社会科学版),2009(3):67-70.
⑥ 林艳. 教师文化病理现象透析[J]. 教育发展研究,2007(24):44-47.
⑦ 杨晓英. 教师文化反思[J]. 涪陵师范学院学报,2006(1):147-149.
⑧ 韦敏. 教师马赛克文化:概念、原因及其超越[J]. 教育理论与实践,2004(5):40-44.

年级组,容易导致出现以教研组和年级组为单位的派别团体主义[①]及"捆绑文化"[②];在应试教育背景下,以学生学业成绩为主要价值取向也会导致出现教师文化病理现象。

对教师文化的病理研究使我们看到了教师文化中存在的矛盾性、片面性,这些问题的存在可能造成教师行为的刻板化、教师交往与合作的隔离性、教师面对革新的保守性。

(六)教师文化的跨学科研究

文化本身就包罗万象,并不仅仅局限于某一个领域,对于教师文化的研究也是如此。借助多学科、跨学科的视角研究教师文化,有助于丰富、扩大并拓展教师文化的研究视域与研究主题。有学者从哲学的主体间性角度审视教师个人文化,认为应张扬教师个人文化,倡导多元渗透的合作文化,进行生态文化的意义建构。[③] 有学者从身体哲学的视角来理解教师文化,认为"教师身体所承载的服饰、行为、身态、时空位置等说明教师身体不仅是文化的实在载体,更是一种符号和象征"[④]。教师文化的生命意蕴是学者从生命哲学的视角理解教师文化而提出的命题,教师文化的生命意蕴是对教师在教育过程中的生命意义及其活动方式的准确把握,是对教师专业发展中生命价值的升华与融合,也是对教师文化进行完善、提升、建构过程中的价值追求。[⑤] 用生命哲学解读教师文化,对增强教育的生命意识、启迪生命智慧、探索生命意义、促进教师专业发展、提高教师文化品位均有现实意义。[⑥]

有学者借鉴管理大师埃德加·沙因的组织文化理论研究教师文化。例如,谢翌、肖丽艳、熊丽萍借用埃德加·沙因的理论来分析教师的各种假设,认为教师的假设是教师文化的深层指令,揭示这些假设是消除教师文化中消极因素的

① 林艳. 教师文化病理现象透析[J]. 教育发展研究,2007(24):44-47.
② 蒋惠琴. 教师文化:从沉积到创建[J]. 江苏教育,2005(6A):26-27.
③ 赵复查. 主体间性哲学视野中的教师文化[J]. 教育评论,2005(6):40-43.
④ 龙宝新,韩国强. 论身体哲学视野中的教师文化[J]. 基础教育,2010(10):9-14.
⑤ 赵复查. 教师文化的生命意蕴[J]. 教育评论,2006(4):38-41.
⑥ 赵复查. 生命哲学视域中的教师文化[J]. 韩山师范学院学报,2007(2):87-92.

第一步。①

还有学者借鉴荷兰文化学者吉尔特·霍夫斯泰德的文化价值理论,从权力距离、不确定性回避、个人主义和集体主义、男性度与女性度四个维度研究教师文化②,阐述教师文化属于低权力距离、高不确定性回避、个人主义和女性度文化。该篇教育论文借鉴吉尔特·霍夫斯泰德的文化价值理论研究教师文化,为本书提供了研究视角。

(七)教师文化重塑的策略研究

关于教师文化重塑的策略研究,学者们主要从培育教师教育信念、群体文化建构和学校文化建设三个方面展开。

一是培育教师教育信念。有学者认为,树立教师信念是构建教师文化的重要前提和出发点。因为教师文化首先体现为一种信念,即教师对于人性、社会关系、教育教学、学生成长、自我发展等的假设。检验教师文化最终是否形成,关键要看教师信念是否确立,是否体现为信念引领下积极的工作态度以及与态度相对应的外在行为方式。③ 有学者认为,教师面对的日常教育教学目标和新课程改革都存在诸多不确定性因素,无形中给教师造成巨大压力。教师要在充满不确定性的教育情境和教育实践中获得某种程度的确定性,有赖于教育信念。与教育知识、教育技能一样,教育信念是教师在教育生活中所必备的要素,也是教师文化重塑的根基。④

有学者认为,教师文化重建的关键在于教师确立课程意识并转变行为方式。课程意识是以课程观为核心形成的,是对课程存在的反映,对重建教师文化具有根本性的意义。⑤

还有学者认为,要通过培育教育信念实现对教师的精神引领。具体的行动

① 谢翌,肖丽艳,熊丽萍. 教师的假设:中小学学校文化的深层指令[J]. 教育理论与实践,2005(21):49-53.
② 古翠凤. 文化四维度理论视角下的教师文化研究[J]. 教育探索,2005(8):112-113.
③ 李霞. 信念、态度、行为:教师文化建构的三个维度[J]. 教师教育研究,2012(3):17-21.
④ 李伟,李润洲. 论教师文化的重塑[J]. 教师教育研究,2010(6):26-28.
⑤ 张晓瑜. 课程改革与教师文化重建[J]. 教育理论与实践,2005(2):6-8.

策略包括加强培训、榜样示范、活动感召①；重组教师工作的条件和结构；检视教师个体带入课堂的隐性知识与信念；重建大中小学的合作关系与合作模式，促进理论与实践的互动整合。②

二是建构合作的教师群体文化。有学者认为，在教师群体文化建构中，合作文化有利于促进和谐同事关系的建立，可以通过促进教师间在观念上相互影响、在经验和技能上相互交流来实现。③ 因此，教师合作文化具有积极的互依性、主体性、合目的性、整合性和流动性等特点。④ 有学者认为，建构合作的教师文化应通过在教师中建立学习型群体文化、教师共同分享成功和成长的经验、形成共同愿景、培养教师的合作意识来实现。⑤

对于教师合作文化的模式，有研究者提出流动的"马赛克"文化模式。⑥ 这种教师文化模式，是指根据教学和教师专业发展的实际需要，教师自发、自主地形成若干个不限专业范围和不固定成员的小组，小组成员的专业具有交叉重叠性，小组成员随时更新。

对于如何建构教师合作文化，学者们提出了不少策略：通过营造适宜的组织气氛，建构教师间相互支持的网络，形成团体共识和协同合作的气氛；通过相互对话、相互观摩、相互交流的方式，营造合作学习的氛围，促进教师的成长。⑦ 充分发挥校长的服务功能，创造内外和谐的育人环境和工作环境，增强教师对学校的归属感；建立教师合作、流动的长效机制，充分共享社区资源，使教师合作系统化、有序化、互动化。⑧ 通过建立学习团队，开展多样化的教科研活动⑨，以教案设计、课件设计、研讨课、对话内容设计等合作形式促进教师合作文化的

① 杨志宏. 教师文化重塑的困境与对策[J]. 和田师范专科学校学报，2012(2)：33-35.
② 谢翌，马云鹏. 教师信念的形成与变革[J]. 比较教育研究，2007(6)：31-35＋85.
③ 赵昌木. 创建合作教师文化：师徒教师教育模式的运作与实施[J]. 教师教育研究，2004(4)：46-49＋20.
④ 马玉宾，熊梅. 教师文化的变革与教师合作文化的重建[J]. 东北师大学报(哲学社会科学版)，2007(4)：148-154.
⑤ 杨永政，阎景会. 新课程与教师文化重建[J]. 江苏教育学院学报(社会科学版)，2007(1)：23-24.
⑥ 惠中，丁晓龙. 流动的"马赛克"：教师文化的应然发展[J]. 上海教育科研，2007(8)：31-33.
⑦ 张红洋，吴俊明. 教师文化的解构和重建：从孤立走向合作[J]. 教育理论与实践，2008(19)：48-51.
⑧ 惠中，丁晓龙. 流动的"马赛克"：教师文化的应然发展[J]. 上海教育科研，2007(8)：31-33.
⑨ 张晓红，杨雪翠. 教师文化的转型研究[J]. 现代教育科学(普教研究)，2005(12)：49-51＋48.

形成①。通过师徒模式创建教师合作文化。②

　　三是建设学校文化。有学者认为,学校应通过营造民主、和谐的对话氛围,引进人文管理的评价机制等形成以教师的文化人格为基础的教师文化。③ 在学校建设方面,学校要重视必要的硬件建设投入,改善教师的学习与教学条件,发挥物质文化的保障功能,为教师的教学与教研提供便利条件。④ 在学校管理方面,学校管理应该是制度与人性的完美结合。⑤ 学校要形成健全、合理的制度文化,要充分发挥民主参与精神,鼓励教师建言献策,采纳教师的合理化建议,取得教师的理解和支持,重视人文氛围的营造⑥,形成师生间、教师同事间、教师与管理者间相互尊重的氛围⑦。此外,为满足教师的成长和发展需求,学校管理者要树立以教师为本的管理观、为教师服务的服务观。⑧

　　有学者认为,为了促进教师健康发展与成长,学校应对教师评价制度进行革新,力求客观、公平、公正地评价教师工作。在评价主体上,重视发挥自评和互评的作用;在评价方法上,强调把定性评价和定量评价结合起来,重视评价者和评价对象的平等、理解和互动;在评价结果上,重视评价结果的反馈、被评价者对评价结果的认同度以及对原有状态的改进。⑨

　　有学者认为,应从学校层面倡导校本教研,营造研究文化。通过强化教师的校本意识,提升教师的校本教研能力,通过在教师中建立专业引领制度、同伴互助制度和自我反思制度促进教师的专业成长,建构"合作发展型教研组",充分发挥教研组的作用,等等。⑩

---

① 任红娟,赵正新. 从个人主义走向合作:新课程对教师文化的诉求[J]. 当代教育科学,2004(16):13-16.

② 赵昌木. 创建合作教师文化:师徒教师教育模式的运作与实施[J]. 教师教育研究,2004(4):46-49+20.

③ 赵复查. 现代教师文化的校本建构[J]. 教育评论,2005(2):20-23.

④ 杨宏伟. 谈学校教师文化建设[J]. 基础教育参考,2004(9):15-16.

⑤ 杨永政,阎景会. 新课程与教师文化重建[J]. 江苏教育学院学报(社会科学版),2007(1):23-24.

⑥ 罗红艳. 教师文化塑造:意义、困境与路径[J]. 教学管理,2005(4):16-19.

⑦ 杨宏伟. 谈学校教师文化建设[J]. 基础教育参考,2004(9):15-16.

⑧ 杨志宏. 教师文化重塑的困境与对策[J]. 和田师范专科学校学报,2012(2):33-35.

⑨ 杨永政,阎景会. 新课程与教师文化重建[J]. 江苏教育学院学报(社会科学版),2007(1):23-24.

⑩ 孟宪乐. 教师文化与教师专业化发展[J]. 教学与管理,2005(30):17-18.

总之,国内学者对教师文化进行了多维度、多视角、多层面、多学科的研究与阐述,研究成果十分丰富,为本书提供了研究视角与研究思路。

二、国外教师文化研究综述

国外教师文化研究历史较长,其研究内容也十分丰富,代表人物主要有沃勒、洛蒂、哈格里夫斯和佐藤学。现对他们的主要观点进行简要介绍。

(一)教师文化的特征研究

对于教师文化,日本学者佐藤学认为,"一般谈论的'教师文化'是充满矛盾的"①。因为人们对教师的要求与评价往往是自相矛盾的。美国社会学者沃勒在 1932 年出版的《教学社会学》中对教师文化的矛盾性进行了生动和深刻的描述。他从两个方面描述了教师文化的矛盾性:教学对教师的矛盾性影响和教师矛盾的性格特征。他认为,教学工作是一种充满矛盾性的工作——教学工作具有按部就班以及鲜有自我表达机会的特点。一方面,教师工作的单调乏味以及这个职业给予个体的诸多限制会将具有阳刚气质和激情的人排除在外。另一方面,教师工作也被视为一种庇护性的职业,那些畏惧与日常生活斗争的人能够在此寻求到避难所。教师必须不断地教他人"开门"的技术,而教师在完成这一切的时候自己却没有精力去开启属于自己的大门。教师面对的是世界观、价值观都不成熟的学生,而且教师自己必须融入学生中,因此教师这个职业被誉为"延缓心智成熟"的职业。此外,在教师中存在一种矛盾现象:有时最好的教师往往是对教师工作最不感兴趣的人,而一些教师努力工作但得不到关注。这往往成为教师文化矛盾性的根源。

沃勒认为,教师尊严具有特殊性。教师尊严来源于两个方面:一是社会对待教师的方式,二是教师工作的性质。但这种尊严也存在着矛盾性:一方面教师尊严是由职业赋予的,另一方面教师尊严也限制了教师的自我完善。

在沃勒看来,教学工作的复杂性造就了教师矛盾的职业特征。一方面,教学工作要求教师富有爱心、有耐心,把全部身心投入教育事业;另一方面,教学

---

① 〔日〕佐藤学. 课程与教师[M]. 钟启泉,译. 北京:教育科学出版社,2003:253.

工作也给教师设置了一些条条框框,"教师被囚禁在陈规中"①。沃勒认为,师生关系是教师最重要的社会关系。教师代表正规课程,其目标在于以任务形式用课程去影响学生。教师代表学校中既存的社会秩序,其工作是维护这种秩序。

沃勒所描述的只是教师文化的某些方面,并没有观照教师文化的整体状态,具有一定的历史局限性,这是我们需要审慎对待的。

(二)教师文化的价值观研究

教师文化价值观是教师文化的核心,体现在教师的教学观、实践观和职业观等方面。美国学者丹·克莱门特·洛蒂在其著作《学校教师的社会学研究》中通过大量的实证研究,从教师职业的社会化程度、职业生涯的类型和教师对革新的态度等维度进行分析后认为,在教师中存在个人主义、即时主义与保守主义等价值取向。

一是个人主义。个人主义是把教学工作看作个体个性表现的价值取向。在洛蒂看来,"学校组织的细胞状形式以及伴随于此的时间和空间生态学,把教师之间的交流置于其日常工作的边缘,个人主义构成其社会化的主要特征"②。学校的细胞状组织结构限制了教师间的交流,新任教师大多数时间是远离同事的,结果只能靠自己去发现问题,考虑各种解决方案,做出选择,在方案实行之后自主评价其结果。

洛蒂认为,教师的经验倾向于是个人的而不是共享的,这种"成败全靠自己"的模式是个体性的,而不是集体性的;教师所受的专业培养没有把教学中常见的困境与既有的知识或者经常思考、讨论这类问题的经验(如案例、模拟)联系起来。拒绝过去的经验,再加上知识孤立,产生了课堂学到的知识不能应付日常使用的问题,因此教师并不认为他们享有共同的"记忆"或技术文化。个人主义导致教师缺乏对共享知识观的信任。

缺乏共同的技术词汇限制了新任教师"挖掘"已经存在的实践知识体系的能力。没有这样的框架作为参照,新手们就不可能有条不紊地安排复杂多样的

① Waller W. The Sociology of Teaching[M]. New York:John Wiley &Sons, Inc,1961:420.
② Lortie D C. School-Teacher:A Sociological Study[M]. Chicago:The University of Chicago Press,1975:192.

日常事务,并且很可能会错过关键性事务。

教师社会化的个人主义也为教师个体制造了主观性问题。在知识共享领域,个体只要按照这个职业内部的一般期望行事,就会觉得心安理得;个体可以通过共同承担失败和错误的责任来应对令人不愉快的结果,这样,个体的负担就会减轻。而教师由于缺乏共享性的知识与经验,没有这种必要的渠道,因此个人主义的实践观会加大失败所带来的压力。

二是即时主义。即时主义,即只看重眼前利益而不考虑将来利益的价值取向。洛蒂认为,与大多数中产阶级的工作相比,教师工作相对来说是"无生涯阶段的",向上流动的机会较少是这个职业的本质特征。职业生涯的阶段性能够平衡努力、能力和报酬之间的关系。教师们付出的努力和获得的报酬可能会脱节。既然很快就可以拿到很高的报酬,随后的报酬也就不会那么令人在意。因此,在教师看来,为了渺茫的未来而牺牲美好的今天是毫无意义的。教师职业生涯缺少分段将会导致:在教师中间,即时主义压倒未来主义成为主导取向;始终坚持教学工作而且付出的努力多于其他人的教师,会有一种被相对剥夺的感觉。①

三是保守主义。保守主义,是一种按照传统做法去做事的偏好。洛蒂通过调研发现,教师希望通过革新来更有效地完成教学目标、提升工作的满意度,但教师想要的革新类似于修补,而不是彻底的变革,教师有关结构改革的建议不是激进的,也从没对学校系统产生怀疑。这些都体现了教师文化的保守主义。

洛蒂经分析认为,保守主义源于教学工作的不确定性。洛蒂指出了教师行业的特征——不确定性。他认为与其他行业相比,教师的工作过程以及教师所产生的"产品"很难按照若干评价标准来测量。

首先,教学目标是"无形的",这就更凸显了其非实体性的特征。那些生产有形产品的人很可能用一个固定的、可靠的模型将中期产品与最终目标进行比较,以工作模型、蓝图、计划和详细的说明书为标准。教师的"产品"则不具备这种有形的标准。教师的工作目标是促进学生的身心发展,但学生对知识的掌

---

① Lortie D C. School-Teacher: A Sociological Study[M]. Chicago: The University of Chicago Press, 1975:86.

握、技能的形成、良好品德的培育、不良品德的修正、良好行为的养成和不良行为的矫正等都很难用确定的标准来衡量。

其次,产品制造领域的工人通常具有清晰的工作范围,他们知道自己负责的是哪个产品的哪个部分,而且通常能控制生产的具体步骤。这样的职责划分意味着他们能确定其所做的贡献并评价这种贡献的质量。然而,教师工作的成果(学生的发展),无疑是集体合作的结晶,是教师与教师、教师与家长合作与配合的成果。教师通常只是影响学生的人之一,因此,很难评价与判断教师个体对于学生的影响。

再次,对教师工作的评价标准和评价时机是多元的、复杂的。教学行为通常是根据多个标准来评价的。能够吸引学生上课专心听讲的教师,可能在教学内容的准确性表达方面存在问题;教师斥责某个学生可能使其他学生安静下来,但此种做法可能被学生指责。学校的教育目的通常包含一系列社会化目标。教育目的的广泛性意味着教师的教学将被同时用道德、审美和科学标准来进行判断。但什么是善、美或真呢? 这往往缺乏统一的标准。如果说教师的工作是对学生产生持久的教育影响,那么何时评价这种影响的结果呢? 教育对一个人的道德影响可能在若干年后才会出现,那这种评价该如何进行? 况且教师工作的成果——学生的身心发展,是一个长期的过程,并且对其评价涉及价值问题,从而增加了评价的困难。"教师行业的特点体现为缺少具体的模仿模型、影响的界限不清晰、标准的多元性和争议性、评价时机的模糊性以及产品的不稳定性"①,这些都是教师职业不确定性的体现。

教学工作的不确定性有可能上升为焦虑。强烈的焦虑感可能促使教师放弃寻求更好的解决方案,而只是一味坚持他们过去已经获悉的做法。在引发焦虑的过程中,不确定性有可能会降低创新性,产生保守性结果。教师往往将教学策略的不足归咎于环境因素,认为补救的措施是改变环境,而不是创造出更为有效的教学方法。

---

① Lortie D C. School-Teacher: A Sociological Study[M]. Chicago: The University of Chicago Press, 1975: 136.

（三）教师文化模式研究

哈格里夫斯以教师间的人际交往方式为维度，将教师文化划分为个人主义文化、派别主义文化、自然合作文化与人为合作文化四种模式。[①]

哈格里夫斯在分析、总结洛蒂等人对个人主义教师文化研究的基础上，对个人主义提出了新的看法与见解。他认为，个人主义文化也有积极的一面，即它有利于发展教师的创新能力、自主抉择能力和独立判断能力，与教师的自主意识、尊严与独立等密切联系在一起。

自然合作文化是教师在日常生活中自然形成的一种相互开放、信赖、支援的同事关系文化，有利于促进学校发展与教师专业发展。人为合作文化是学校和有关的教育机构通过一系列正式的官方程序来增加教师间相互学习、相互交流的机会的文化，其实质是一种接受性文化。派别主义文化是指教师由于学科、专业等因素而归属于不同的专业团体，教师只认同自己的团体而与其他团体中的教师互不往来，甚至为了团体利益，敌视乃至排斥其他团体中的教师。哈格里夫斯在批判地分析了上述文化模式的基础上，提出了新的文化模式——"流动的马赛克"。不同学科、不同年级的教师自发形成的具有流动性与透明性的小组构成了"流动的马赛克"。每个教师小组的成员与活动范围是不固定的，而是学科与年级相互交叉重叠、彼此关联，根据环境的变化而进行调整，具有一定的灵活性。这种文化模式能够带动小组成员共同工作，从而使整个学校组织呈现极大的灵活性、流动性和适应性。

（四）教师文化的生成研究

有学者对教师文化的生成进行了研究。萨拉森在《学校文化与变革的问题》一书中描述了教师文化的生成过程，认为教师文化是"计划规则"与"行为规则"的产物。[②] "计划规则"是指处理学校所规定的课程的规则，是教师无意识地、习惯性地运用的规则。如教师在课堂上只追求授课的进度而不顾及学生是

---

① Hargreaves A. Changing Teachers, Changing Times: Teachers' Work and Culture in the Postmodern Age[M]. London: Cassel Educational Limited, 1994:166.
② 转引自〔日〕佐藤学. 课程与教师[M]. 钟启泉, 译. 北京: 教育科学出版社, 2003:261.

否掌握、吸收就属于"计划规则"。"行为规则"是指从学校人际关系中派生出来的处理问题的习惯性做法,即教师在与学生、同事、校长、家长的交往中生成的人际交往方式。萨拉森认为,教师在解决日常教学问题与处理各种人际关系中形成的习惯性做法建构了教师文化。

佐藤学认为,教师文化是通过对于课堂问题的处置与解决而生成的,在教师职业共同体中被保持和传承。[①] 教师文化的根基在于课堂实践和课堂结构。教师通过吸收、引进课堂外的制度化的规范从而形成自己的教师文化。

(五)教师文化的比较研究

斯平德勒、本佩雷茨与霍克斯曾经对各国的教师文化进行了比较研究。其目的在于研究文化的传播与教师教学文化。本佩雷茨与霍克斯侧重于研究教师文化中的隐性因素,斯平德勒侧重于研究教师的文化行为。虽然他们研究的侧重点不同,但他们的研究均发现存在跨国的教师文化,即教师文化存在共性特征。肯色瑞恩对他们的研究内容进行了比较与分析,认为跨国的教师文化来源于对"共同的可能性事件的共同反应"。共同的可能性事件包括对教育情境的普遍性要求、对课堂情境的普遍性控制以及工业化社会对学校的共同限制。

此外,勒唐德尔、安德森-莱维特等曾对不同国家教师的工作进行了对比研究。[②] 肯色瑞恩认为,对教师工作进行比较研究意义重大,只有人们了解了不同国家教师工作的区别,才能真正理解教师文化并对教师文化进行变革。

(六)教师文化的变革研究

洛蒂认为,保守主义、个人主义和即时主义共同作用,形成了教师职业的亚文化特征,而且这种精神特质扎根于教师职业的历史和社会地位中,对变革具有抵抗作用,因此,应采取一些补偿性措施来消除保守主义、个人主义和即时主义的影响。

---

① 转引自〔日〕佐藤学. 课程与教师[M]. 钟启泉,译. 北京:教育科学出版社,2003:261.
② Anderson-Levitt K M. Teaching Culture as National and Transnational: A Response to Teachers' Work[J]. Educational Researcher,2002(3):19-21.

对于教师文化中的保守主义,洛蒂认为,首先应当改变教师的选拔程序,通过对即将从事教育行业的人进行仔细筛选来消除保守主义的影响。例如,可以选择具有灵活性和变革能力的人来进行专门培育,另外在培养过程中可以通过课程设计和实践工作来发展教师应对不明确性和复杂性的能力,并使教师熟悉各种各样的教学方式。在如何控制教师过去的经验对其即将从事的教师职业的影响方面,洛蒂认为,可以利用教师的自传、教师的授课录像等来引起教师对过去经验的反思,增强教学工作信念。此外,在教师培养过程中要加强科学思维训练和实践的联系,增加现场教学的数量和种类,让接受培训的教师可以观察、评估不同风格的教学。通过鼓励教师在学校或学区范围内换班授课,可以促进教师间进行密切的交流与沟通。洛蒂认为,"应该进行严肃认真的努力,以减少相互隔离而导致的知识狭隘性,并促进全体教师之间进行更密切的交流"[1]。

如何克服教师文化中的个人主义? 洛蒂认为,可以通过重新调整本科和研究生层次的教师培养模式,赋予学生更多的集体合作经验。例如,可以将一些专业学院(如医学院)的分组模式引入教育学院,增强学生间的友谊和合作。此外,强化同事间互动合作的责任观念也有助于消除个人主义。学校可以组织老教师对新入职的教师进行指导,帮助新教师学会教学、学会管理班级。"团队可以在持续要求初任者达到集体标准的同时,帮助他们度过艰难的处境。"[2]

洛蒂认为,可以通过选拔和培养致力于课堂问题研究的教师—研究者来降低即时主义的影响。教师—研究者的工作是直接解决教学问题,并为教师提供帮助。

为了变革教师文化,佐藤学提出了"反思性实践家"教师形象。他认为,"'反思性实践家'教师形象的提出,为教师文化的研究带来了新的领域与课题"[3]。"反思性实践"是在复杂情境中对复杂问题进行解决。教师在课堂教学

[1] Lortie D C. School-Teacher: A Sociological Study[M]. Chicago: The University of Chicago Press, 1975:232.

[2] Lortie D C. School-Teacher: A Sociological Study[M]. Chicago: The University of Chicago Press, 1975:238.

[3] 〔日〕佐藤学. 课程与教师[M]. 钟启泉,译. 北京:教育科学出版社,2003:271.

中生成、运用的实践性知识,通过教师间的交流得以共享、积累和传承,形成了教师的专业文化。"反思性实践家"生成的基础是教学在课堂教学实践中进行反思性思考。

三、简要评价

下面对国内外教师文化研究进行简要评价。

第一,教师文化价值观是教师文化的核心。不论是我国学者对教师文化的理论探索,还是国外学者对教师文化的社会学分析,他们的研究都表明教师文化价值观是教师文化的核心。教师文化价值观包括了教师的职业观、教学观、人际交往观、师德观,等等,居于教师文化的深层,对教师文化起着决定性作用。

第二,教师文化存在一定的矛盾性。对于学生而言,教师是社会代表者。这种角色身份要求教师具有符合社会要求的信念、态度、价值观和行为方式,而社会代表者这一身份赋予了教师道德权威和法理权威。正是在这个意义上,人们认为教师文化符合教育目的、社会期待,与社会主流文化相一致,是健康的、积极的。社会代表者的身份与要求、教学工作的性质、学校系统中的各种制度安排等与教师作为普通社会成员的利益诉求、教育理想与信念间容易产生冲突,造成了教师文化的矛盾性。

第三,国内研究偏重于理论阐释,缺少实证性研究。国内对教师文化的研究往往建立在典型的、标准的教师文化之上,而不是以现实生活中的教师为基准,缺少对教师文化的现实关怀。在查阅到的文献中,除了周海玲的博士论文《制度下的教师文化》采用了叙事研究法,李清臣的博士论文《基于专业发展的教师精神文化研究》采用了量化与质性研究法,马玉宾的博士论文《新课程背景下教师合作文化重建:一所小学的个案研究》采用了质的研究方法,胡健的硕士论文《×小学教师文化现象的实证研究:基于对×小学教师的调查、访谈、观察和分析》采用了问卷调查、访谈和观察法,封安东的《变革教师文化之行动研究:以Z校为例》采用了行动研究法,张莉的《教师文化研究:基于教师休息室的教师文化透视》采用了现场观察和开放式访谈法进行实证研究外,其余400多篇文献均是理论阐释。而且在已有的实证研究文献中,研究者多局限于对某个地方或某个学校的教师文化进行研究,缺乏对更广泛领域的教师文化进行综合研究。

第四,国内研究偏重于移植研究,缺乏本土化研究。21世纪,国内不但掀起了研究教师文化的热潮,而且对国外研究成果进行了广泛引介。例如,国内学者对哈格里夫斯关于教师文化内涵、教师文化模式等的研究进行了广泛介绍。国内学者在介绍、引进国外的研究成果时很少采用批判的态度,而是简单地移植国外研究成果,造成研究单薄、缺乏说服力,并且束缚了研究思维,使得本土研究没有走出国外研究的思维定式。此外,国外学者对教师文化进行了深入、扎实的研究,因此出现了不少经典论著,如沃勒的《教师社会学》、洛蒂的《学校教师的社会学研究》、哈格里夫斯的《变革的时代、变革的教师——后现代教师的工作与文化》。而我国学者虽然对教师文化进行了大量的研究,但迄今为止尚未有经典诞生。这与国内学者没有扎根于学校土壤,缺乏对教师文化进行深入、细致、多方位的研究有着密切的关系。

第五,缺乏对教师文化的跨学科研究。文化研究是一种涉及多门学科的研究。同样地,我们也应当借鉴与利用多学科视角多维度地研究教师文化。但是,目前看来,国外的经典论著主要是从社会学的视角进行研究;国内的跨学科研究虽然已经涉及了文化学、社会学、生命哲学、身体哲学、组织文化学等,但在研究的深度上还有待加强。因此,应当广泛借鉴其他学科已有的研究成果,对教师文化进行多视角、多维度的考量与分析,丰富教师文化研究的理论基础,挖掘教师文化研究的深度。

第六,缺乏对教师文化机理的深入研究。国内外学者虽然对教师文化的特征、类型等进行了描述与分析,但都尚未深入教师文化的内部,揭示教师文化的机理。教师文化作为社会文化的亚文化,其形成、发生、发展必然会受到社会文化、学校制度以及教师个体自身等各种因素的影响,因此其文化机理必定是复杂的。只有把握了教师文化的深层机理,挖掘出隐匿在教师文化中深层次的基本假设,才能真正理解教师文化的生成机制,促进教师文化的健康发展。

第五节　研究方法

为了使研究具有科学性和真实性,本书主要对教师文化进行实证研究。主要采用问卷调查、访谈、观察和实物收集等方法进行资料的收集。

一、问卷调查

为了深入、客观、广泛地了解教师文化的现状,笔者采用了问卷调查的方法进行调研。在进行文献资料的收集、整理并确定了本书的理论视角的基础上,自行编制了教师文化价值观问卷,并于 2012 年 6—9 月向北京、无锡、南昌、安阳、青岛、威海、烟台、日照等地的中小学教师发放问卷进行调研,调研学校所在地包括直辖市、省会或副省级城市、地市级城市、县级市和乡镇、农村。共发放问卷 520 份,回收有效问卷 485 份,回收率达 93.3%。使用 SPSS 18.0 对问卷进行了统计,基本信息见表 1-1。

表 1-1　被调查教师基本信息表

教师基本情况		人数	百分比/%
性别	男	137	28.2
	女	348	71.8
年龄	30 岁以下	97	20.0
	30～39 岁	219	45.2
	40～49 岁	144	29.7
	50 岁及以上	25	5.1

（续表）

教师基本情况		人数	百分比/%
最高学历	中专	8	1.6
	大专	46	9.5
	本科	380	78.4
	本科以上	51	10.5
所教学科	文科	282	58.1
	理科	203	41.9
任教学校	小学	155	32.0
	初中	225	46.4
	高中	105	21.6
学校位置	直辖市、省会、副省级城市	151	31.1
	地市级城市	181	37.3
	县级市	25	5.2
	乡镇或农村	128	26.4
教龄	3 年及以下	50	10.3
	4～10 年	112	23.1
	11～15 年	121	25.0
	15 年以上	202	41.6
每天工作时间	8 小时以下	20	4.1
	8 小时	161	33.2
	9～10 小时	198	40.8
	10 小时以上	106	21.9

二、访谈

虽然通过问卷调查可以获得大量的信息与数据,但只能对表层的、可以量化的部分进行测量,而无法了解当事人的想法,尤其是它只能代表普遍情况,不能兼顾特殊情况。此外,可能还存在教师在答题时与平时的做法有出入的情况。因此,为了增加研究的效度,本书还采用了访谈法,从而使研究可以将宏观与微观、静态和动态、行为和意义等方面结合起来。

"'访谈'是一种研究性交谈,是研究者通过口头谈话的方式从被研究者那里收集第一手资料的一种研究方法。"①访谈法是通过研究者与被研究者面对面交谈来了解被研究者的价值观、情感体验以及对某些事的观点的研究方法。本书主要采用半开放式访谈,即根据研究内容拟出一个大致的访谈框架,在访谈过程中根据具体的访谈情况对访谈问题随时调整。在访谈进行前一般和受访教师进行电话预约,征得他们的同意后在约定的时间和地点进行访谈。笔者共进行了十人次的访谈,其中访谈对象有八名,对两名教师进行了两次访谈。访谈主要采用单独访谈的形式,但有几次访谈由于是在教师办公室进行的,其他感兴趣的教师也参与进来了。每次访谈为 50 分钟左右。在访谈过程中,访谈对象都有强烈的倾诉欲望,访谈气氛较融洽。

考虑到研究过程必须符合道德要求,所以笔者在访谈前会告知访谈对象研究的目的,对访谈对象承诺访谈只是为了进行研究不会另做他用,特别强调不会向其领导"汇报",打消了访谈对象的顾虑。考虑到研究伦理,笔者在访谈时首先征求访谈对象的意见,询问其是否同意录音,如果对方坚决反对,就采用笔录的方式(虽然效果不好);只有在访谈对象同意的情况下才进行录音。比较庆幸的是,八名访谈对象中只有一名表示不接受录音,其余七名访谈对象均对录音没有异议,因此获得了宝贵的一手资料。访谈结束后,笔者立即进行了录音资料的文字转换工作,并及时撰写了访谈日记,记录对访谈过程的思考。为了维护访谈对象的权益,本书在使用访谈材料时全部匿名。访谈对象的基本情况

---

① 陈向明. 质的研究方法与社会科学研究[M]. 北京:教育科学出版社,2000:165.

见表 1-2。

表 1-2 访谈对象基本情况

受访人员类别	人数	说明
小学教师	3	其中一位入职三年,拥有硕士学位;一位入职六年;一位入职五年
中学教师	2	两位都是老教师,工龄在 20 年左右
中学班主任	3	其中一位是老教师,工龄 20 年,其担任了 14 年的班主任工作;两位是中青年教师,有 12 年工龄
中学管理人员	2	两位都是老教师,其中一位刚刚由教师岗转为管理岗,同时还兼教学工作

三、观察

观察是在自然条件下对在某时、某地正在发生的事情进行聆听、观看、体察、感悟的一种活动。通过观察活动,研究者可以对研究现象有比较直接的感性认识,看到一个真实的情境。研究者通过现场观看、倾听、感受等,可以了解与把握研究对象在自然环境中的工作和生活状态,掌握第一手资料,为建构自己的理论框架提供丰富、生动而具体的论证材料。

笔者主要对教师在办公室内的工作情况进行了观察。先后对某校的某年级组办公室进行了三次观察。由于笔者是以某位教师的朋友身份进入办公室的,其他教师并不知道笔者是来进行研究的,他们没有因为我的进入而改变工作方式。他们中有批改作业的,有在忙着完成当天工作计划的,有不断给学生发布命令的,还有在办公室大声训斥学生的。笔者的出现并没有打扰他们正常的工作秩序,从而得以观察到教师工作的原生态。笔者在观察结束后及时撰写了观察记录。

四、实物

笔者在访谈与观察的基础上收集了三所学校有关的实物资料。其中,一所学校是市属学校,一所学校是区属学校,一所学校是乡镇中学。基于"任何实物都是一定文化的产物,都是在一定情境下某些人对一定事物的看法的体现,因此这些实物可以被收集起来,作为特定文化中特定人群所持观念的物化形式进行分析"[①],因此将实物视为研究资料中的一种而进行收集。笔者收集的实物主要是"正式的官方资料",包括学校的一般理念、办学理念、管理理念等文字资料,学校对教师的考评细则及与考评相关的文字材料;"非正式的个人资料"包括班主任与家长联系的家校联系簿、教师的教学反思等。

五、资料的验证

为了保证研究结果的真实性和研究资料的可靠性,本书采用相关验证法对资料进行验证。相关验证法又称三角检验法,指的是"将同一结论用不同的方法、在不同的情境和时间里,对样本中不同的人进行检验,目的是通过尽可能多的渠道对目前已经建立的结论进行检验,以求获得结论的最大真实度"[②]。本书的验证方式是将问卷调查获得的数据借助访谈获得的资料进行验证,将问卷调查和访谈获得的资料通过观察与实物分析的方式进行验证。

第六节　研究思路

本书的研究对象为教师文化,围绕教师文化是什么、教师文化的现状的成因、教师文化产生了哪些影响以及如何完善教师文化等问题展开。

本书遵循厘清问题、分析问题、解决问题的基本思路展开。

首先,主要采用逻辑思辨方法,厘清教师文化的基本理论问题,分析教师文化研究的重要意义,在对已有研究进行梳理的基础上,界定本书中教师文化的概念,据此确定研究对象,建构理论框架。

其次,采用问卷调查法、访谈法、文本分析法,了解与把握教师文化现状,分

① 陈向明. 质的研究方法与社会科学研究[M]. 北京:教育科学出版社,2000:257.
② 陈向明. 质的研究方法与社会科学研究[M]. 北京:教育科学出版社,2000:403.

析教师文化的总体状况，分析存在的问题、成因及可能出现的后果等。

　　再次，运用综合研究法和系统研究法，提出教师文化的重构策略，以解决教师文化中存在的问题，促进教师文化健康发展。具体思路见图 1-1。

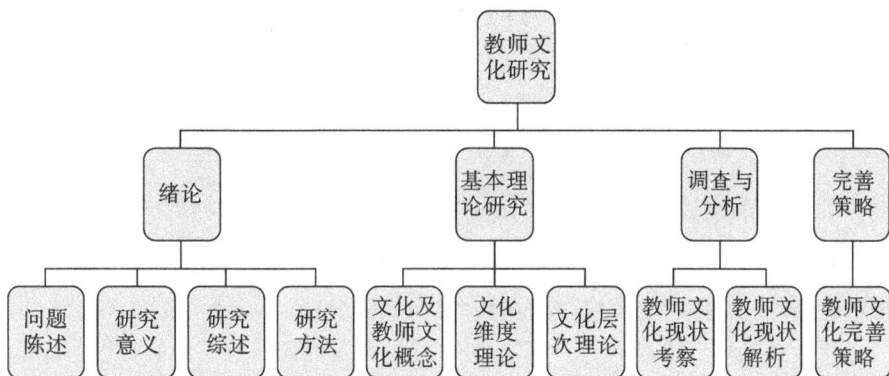

图 1-1　教师文化研究思路

第二章　教师文化基本理论

本章旨在通过对文化的概念、内涵的梳理，对"文化是什么"进行分析与探讨，在此基础上，界定教师文化的概念，并对本书的理论基础，即吉尔特·霍夫斯泰德的文化维度理论和埃德加·沙因的文化层次理论进行简要介绍。

第一节　文化及教师文化的概念

本章在对文化的基本概念进行梳理的基础上，进一步剖析文化的内涵，界定教师文化的概念。

一、文化概述

"文化这个概念所具有的根深蒂固的模糊性已是人所共知，而不太为人所知的是如下观念，即文化的模糊性与其说源于人们对文化的定义方式，不如说源于历史上以文化聚合起来的众多思想线索的不相容性。"①文化现象本身的模糊性、广泛性与复杂性以及人们研究文化视角的多维度性，决定了对文化的界定是复杂的和多样的。多伦多大学教授 D. 保罗·夏弗曾对文化做了一个十分形象生动的比喻，他把文化看作一棵由根、树干、树枝、树叶、花朵和果实所组成的枝繁叶茂的大树②，可以对大树的任何一个部分进行描述，但难以概括大树的全貌。虽然文化难以用统一的判定标准或语言去概括，但我们可以通过文化的

---

① 〔英〕齐格蒙特·鲍曼. 作为实践的文化[M]. 郑莉，译. 北京：北京大学出版社，2009：75.
② 陆扬. 文化定义辨析[J]. 吉首大学学报(社会科学版)，2006(1)：151-154.

一些典型定义来了解文化。

(一)文化是社会成员所习得和接受的东西

文化是社会成员所习得和接受的具有结构性的东西。例如,爱德华·泰勒通过列举文化的具体成分对文化进行了定义:"文化,或文明,就其广泛的民族学意义来说,是包括全部的知识、信仰、艺术、道德、法律、风俗以及作为社会成员的人所掌握和接受的任何其他的才能和习惯的复合体。"①日本学者水野祐认为,泰勒的这一概念体现了"'文化'是超有机的存在,它是由作为社会成员的人习得并掌握的东西,与本能的生物学遗传或先天性行动方式有本质的不同;'文化'是超个人的存在,它是进行社会性承前继后的东西,是与个人无关的东西;'文化'是社会成员应予以把握的结构性的东西,文化不是简单、孤立的各种要素杂乱无章的堆砌物,而是知识、信仰、艺术、道德、法律、风俗等诸要素复杂的纵横交错所产生的统一的总体"②。

帕克和伯吉斯认为,"一个群体的文化是其社会遗产的总和与组织,由于群体的种族特性与历史使命,遗产具备了社会意义"③。作为"社会遗产的总和与组织"的文化,通过社会成员内化其观念、价值和信仰,得到了延续与传承。

克利弗德·格尔兹也认为,文化是一种以符号形式表达的概念的传承体系,以符号的历史性意义为传承模式,在此基础上人们能够保存、发展、交流他们的生活知识以及对生活的态度。④ 正是由于人们的交往与交流,文化在一代代间保存与传递,并得以传承与延续。

把文化看作社会成员应掌握和接受的东西,这种对文化的理解方式通常视文化为一种久历时日、代代相传的遗产,过于强调文化的稳定性以及人类对于文化的被动性,忽视了人类不仅是文化的传承者,还是文化的创造者。

---

① 〔英〕爱德华·泰勒. 原始文化:神话、哲学、宗教、语言、艺术和习俗发展之研究[M]. 连树声,译. 桂林:广西师范大学出版社,2005:1.

② 〔日〕水野祐."文化"的定义[A]//庄锡昌. 多维视野中的文化理论[C]. 杭州:浙江人民出版社,1987:370.

③ 转引自〔英〕菲利普·史密斯. 文化理论:导论[M]. 张鲲,译. 北京:商务印书馆,2008:9-10.

④ Geertz C H M. The Interpretation of Cutures[M]. New York:Basic Books,1973:89.

（二）文化是一种规则或生活方式

文化是一种规则或生活方式,它塑造了具体的行为与行动模式。文化是人类在历史长河中慢慢积累、沉淀出的最深层的东西,它影响着人类的生活世界,塑造和影响着人类的生活方式。

文化是某一人群的全部生活方式。雷蒙·威廉斯把文化视为"一个既定人群的'全部生活方式'"①。文化是某个群体思考、理解、感受、信仰和表现该群体"特征"的全部方式。英格利斯深受威廉斯的影响,认为这个定义最有原创性,抓住了文化最为普遍的层面。在此基础上,他提出了自己对文化的认识,"文化包含一个特定群体的观念、价值、信仰的模式以及他们'典型的'思考和感知方式"②。拉尔夫·林顿也认为文化指的是任何社会的全部生活方式,而不仅仅是被社会公认为更高雅、更心旷神怡的生活方式。

由上述学者对于文化的定义与理解可见,文化不再高高在上,拘泥于艺术、文学、教育、品性与修养,不再拘泥于过去的优秀遗产和当代的优秀思想,而是将日常生活的方方面面都包括进来。文化已从"神坛"走进人们的日常生活。

（三）文化在于满足人类或个体的需要

文化在于满足人类的需要。马林诺斯基认为,"文化是包括一套风俗——人体的或心灵的习惯,它们都是直接地或间接地满足人类的需要"③,他把文化理解为为满足人类各种需要而产生的习俗、环境、制度体系。文化包括了人类种种关于规则、规范、制度的发明所呈现的某种物质和非物质特性。这些发明和特性相互作用,彼此关联,构成一个完整的体系,即文化。奥格本和尼姆科夫也认为,"围绕满足人类基本需要而形成的物质和非物质特性使我们有了我们的社会制度,而这些制度就是文化的核心,一个文化的结构互相联结形成了每一个社会独特的模式"④。正是由于要满足人类的各种基本需要,人类社会才有

---

① 转引自〔英〕戴维·英格利斯. 文化与日常生活〔M〕. 张秋月,周雷亚,译. 北京:中央编译出版社,2010:9.
② 〔英〕戴维·英格利斯. 文化与日常生活〔M〕. 张秋月,周雷亚,译. 北京:中央编译出版社,2010:9.
③ 〔英〕马林诺斯基. 文化论〔M〕. 费孝通,译. 北京:华夏出版社,2002:15.
④ 转引自郭莲. 文化的定义与综述〔J〕. 中共中央党校学报,2002(1):115-118.

了法律、道德、习俗等文化核心要素。

文化在于满足个体的各种需要。文化是一种解决问题的工具,它使人们通过沟通、学习,或满足物质和情感的需求,促进人格的完善。英国诗人和文学批评家马修·阿诺德曾定义文化为:"通过阅读、观察、思考等手段,得到当前世界上所能了解的最优秀的知识和思想,使我们能做到尽最大的可能接近事物之坚实的可知的规律,从而……达到比现在更全面的完美境界。"[①]

(四)文化是将各种人类群体区别开的"心理软件"

人类社会的国家、阶层、民族以及各种组织和机构是由不同群体所组成的,而文化是将他们区别开的"心理软件"。荷兰组织文化学家吉尔特·霍夫斯泰德等把文化定义为"将这个社会群体或社会分类中的成员与其他群体或分类中的成员区别开来的集体的心理编程"[②]。他们认为,作为"心理编程"或"心理软件"的文化不但包括表现人们高尚思想的各种活动,而且包括生活中普通和琐细的一些事情,譬如问候别人、吃东西、表达感情、与他人在物理空间中保持一定的距离、表达爱情或保持个人卫生。另外,它还包括人的观念、信仰、思维、感情和行为模式等。一个群体的观念、价值、信仰、思维和情感深刻影响着该群体中的人,并促使人们以某种方式行事。

二、文化的类别

人们对于文化的定义持不同的观点,在对文化的类别进行划分时也有不同的标准。拉尔夫·林顿根据文化的特征将文化区分为普遍性文化、专门性文化、选择性文化和变异性文化。普遍性文化是指某种文化要素适用于社会中全体正常的成年人;专门性文化是指其文化要素仅仅适用于某一类特殊个体;选择性文化是指某些文化要素为全体正常成年人所熟悉,其可以自由选择采纳与否;变异性文化是指某些文化要素由某些人共享,但不适合所有成员,甚至不适

---

① 〔英〕马修·阿诺德. 文化与无政府状态[M]. 韩敏中,译. 北京:生活·读书·新知三联书店,2008:19.
② 〔荷〕吉尔特·霍夫斯泰德,格特·扬·霍夫斯泰德. 文化与组织:心理软件的力量[M]. 李原,孙健敏,译. 北京:中国人民大学出版社,2010:302.

合根据社会性质分类的任何一个群体的所有成员。

美国人类学家克莱德·克鲁克洪根据是否显露将文化区分为显性文化和隐性文化。[①] 显性文化是人们耳濡目染后直接总结出来的,寓于文字和事实所构成的规律之中,由文化的结构与内容共同构成,人们可以通过观察,揭示其中前后连贯、具有共性的东西;隐性文化是抽象的、缺乏共性,由纯粹的形式构成,隐匿在文化最为精深微妙之处,人们难以观察到。

A. L. 克罗伯基于心理学、历史学等视角将文化划分为全局性模式、类型性模式和总体性模式。文化的全局性模式具有确定的连续性结构,是指各种文化特征之间的关系,它涉及各种纵横交错的文化而不仅仅局限于单一的文化;文化的类型性模式指的是人们可以通过它在各种可能性过程中做出选择,并确定完成某件事情的途径;文化的总体性模式,是指文化反映某个社会整体风貌的精神气质和时代精神。

三、文化的内涵

分析了林林总总的文化概念,我们认为文化是复杂的,也是深邃的。当人们用不同的理论框架、视角来研究与理解文化时,就会形成不同的观念化的、结构化的文化本质观。对文化的理解不仅需要认识的综合与分析,更需要围绕研究所发生的特定领域,针对研究对象来选择恰当的认识视角。我们可以通过以下描述来进一步理解文化。

第一,文化是某个群体共享的行为模式。18 世纪,德国启蒙思想家赫尔德尔曾在其名著《人类历史哲学概要》中指出,每个人的言行结合在一起构成文化,成为文化必要的元素与组成部分,文化就是一种社会生活模式。文化为生活在相同社会环境中的人所共享,同时又往往对其中的个体具有给定性或强制性。"仅仅只是某个人以某种行为模式思考或做事,那只是个人的习惯;只有被某一群人所共享的思想、观念和行为才可能被视为文化。"[②]文化的共享性使得它对其中的个体具有强制性。当人们与其所生存的文化所要求的观念、思想和

---

① 〔美〕克莱德·克鲁克洪. 文化与个人[M]. 高佳,何红,何维凌,译. 杭州:浙江人民出版社,1986:8.
② 〔美〕恩伯 C,恩伯 M. 文化的变异[M]. 杜杉杉,译. 沈阳:辽宁人民出版社,1988:29-30.

行为一致时,人们感受不到其强制性;但当个体明显背离他所生存的群体所要求的思想、观念和行为时,他就会强烈地感受到背离文化所造成的张力。

第二,文化对人本性有规制作用。"文化通过'驯服'难以驾驭的、没有节制的、以性的和排泄的不稳定驱动形式存在的人类本性,使社会机构得以发挥作用。"①弗洛伊德将人格分为本我、自我与超我。本我受制于强烈的本能,是人的"生物本性";超我受包含道德观念在内的文化"天使"的制约;自我则在本我与超我两种相反力量间徘徊。本我使得自我倾向于做自己喜欢做的事,不论其结果是什么;超我则不断告诫自我如果能放弃本能的欲求,就能成为令人尊敬的人。文化通过灌输给人们一种关于是非判断的道德感,让人们克制自己的本能欲求来实现对本我的控制和调整。当人们因想到或做了某些事情而感到羞耻或羞愧时,实际上就是文化在发挥规制的作用。"文化通过调整和控制这些不可预料的情感性驱动,通过承认规律性、可预测性和秩序,确保了日常生活得以正常进行。"②

第三,文化是人类行为模式的发动装置。文化不是某种具体的行为模式,而是各种行为模式的发动装置。美国学者格尔茨就曾明确指出最好不要把文化看成一种具体行为模式,"而要看成一个总管行为的控制机制——计划、处方、规则、指令(计算机工程师将其称为'程序')"③。文化内在于人的行为中,又不是行为本身,它是行为的发动机。

第四,文化具有层次性。管理学大师埃德加·沙因认为,文化分为表层、中层和深层三个层次。文化的表层是人工饰物层次,是指可见的组织结构和流程,包括团体中的可视产品,如建筑结构、语言、技术和产品、团体风格、可观察到的礼仪和庆典;文化的中层是信奉的信念和价值观层次,是指一个组织的策略、目标和哲学;基本假设是文化的深层,指的是某个组织及其成员所具有的无意识的、视为理所当然的信念、知觉、想法和感受等。文化的深层假设决定与影响着人们的信念和价值观,并体现在各种可见的文化产品中。

---

① 〔英〕戴维·英格利斯. 文化与日常生活[M]. 张秋月,周雷亚,译. 北京:中央编译出版社,2010:28.

② 〔英〕戴维·英格利斯. 文化与日常生活[M]. 张秋月,周雷亚,译. 北京:中央编译出版社,2010:28.

③ 〔美〕克利福德·格尔茨. 文化的解释[M]. 韩莉,译. 南京:译林出版社,1999:57.

第五，文化的核心是价值观。虽然人们对于文化的定义和理解是千差万别的，但他们都认同价值或价值观是文化的核心。克罗伯和克鲁克洪就认为传统及与传统有关的价值是文化的核心。① 殷海光先生在其所著的《中国文化的展望》中认为，文化如果不包含价值是难以想象的，价值观是文化的核心。克拉克·威斯勒也认为，"文化就是一个民族的思想和观念的总和与实体，实际上，它们就是文化的决定性特征，根据这些特征，人们才能按照具体情况断定这些文化是否相同"②。

四、教师文化

教师文化是什么？如何认识与理解教师文化？这是研究教师文化必须解决的两个基本问题。带着什么目的来认识教师文化往往决定了教师文化是什么。因此，研究者的立场、视角、价值取向在认识、理解、剖析教师文化时显得格外重要。"一项研究的基本价值取向、价值立场、研究使命，决定了它对教育活动的认识对象与认识方向的确定，规定了它对研究视角、研究道路、研究方法、研究工具的选择。"③研究教师文化也是如此。如果要研究教师文化的生命意义，往往会从生命哲学的视角进行研究；如果要研究教师文化的生活状态，往往会选择适合剖析教师生活样式的有力工具。本书着重研究教师群体在学校组织中的地位、经历及在学校的管理模式、评价方式、文化机制等因素影响下形成的教师文化所呈现的基本样态。我们认为，教师文化是教师群体在身份、地位、职业性质、共同经历、制度等因素影响下形成的价值观及共享的基本假设，渗透在教师职业生活中，形塑着教师的人格，规范着教师的行为。这可以从以下几个方面来理解。

首先，教师文化是教师成为组织成员的基本方式。"一种文化就是一种成员可以理解事物的'意义地图'，这些'意义地图'不仅仅被携带在头脑中，同时它们通过社会组织和关系模式被客观化。通过这种组织与模式，个体变成了

---

① 转引自庄锡昌. 多维视野中的文化理论[M]. 杭州：浙江人民出版社，1987：116.
② 〔美〕克拉克·威勒斯. 人与文化[M]. 钱岗南，傅志强，译. 北京：商务印书馆，2010：6-7.
③ 龙宝新. 教师教育文化创新研究[M]. 北京：教育科学出版社，2009：2.

'社会性个体',文化是群体的社会关系被建构、被赋予形式的方法,但是它也是这些形式得以体验、理解和阐释的途径。一个社会性的个体存在于一套特别的制度和关系中,他也在同样的时刻存在于一种特殊的意义图式中,这使他进入或定位于一种'文化'中。"①进入学校系统后,通过不断识别其运行的规范和假设,教师成为学校团队中的一员,并以其特定的方式进行认识和思维活动。因此,教师文化给予了教师一定的群体身份,同时也限制、修改和约束了其生活方式。

其次,教师文化受到教师的地位、身份、经历、职业性质、制度等多种因素的影响。教师地位影响着教师文化。就像英格利斯所言,"不同的人有着不同种类的日常生活,他们所参与的日常例事与活动的种类取决于他们的社会地位"②。每个社会群体都有着与众不同的生活方式,这种生活方式是该群体在特定的社会条件下形成的。特定的社会条件是指该群体在社会中所处的位置。同样地,教师在社会中的地位会影响教师群体的生活方式,并使他们形成各种习惯。教师身份影响着教师文化。教师矛盾性的身份与地位深刻地影响着教师文化。教师有多重身份,对于学生来说,教师是教育者、社会代表者、领导者和权威;但在学校组织中,教师是受雇者、被领导者和执行者。一方面,教师承载着国家、社会、学校和家庭对他们的种种期许与期待,另一方面,教师本身缺乏与这些期许和期待相匹配的待遇与地位;一方面,教师是专业人员,另一方面,教师却难以拥有与其专业要求相匹配的专业自主权。教师在矛盾性的地位与身份中徘徊。而"一个人的职业地位的性质,特别是发布或接受命令的经历,渗透到生活的其他方面,包括主观的世界观和对于现在社会秩序的依附程度、生活方式、互动遭遇的基调等"③。教师作为被领导者和执行者的身份在他们的生活实践与思想观念中起着主导作用。教师的共同经历影响教师文化。埃德加·沙因认为,所有拥有共同经历的组织成员会形成某种文化。教师在解决外部适应和内部整合问题的过程中,通过相互沟通、相互交流、相互影响而发展形

---

① 陶东风,周宪. 文化研究(第9辑)[C]. 北京:社会科学出版社,2010:4-5.
② 〔英〕戴维·英格利斯. 文化与日常生活[M]. 张秋月,周雷亚,译. 北京:中央编译出版社,2010:5.
③ 〔美〕约翰逊 D P. 社会学理论[M]. 南开大学社会学系,译. 北京:国际文化出版公司,1988:633.

成的合作共事的方式、思维习惯、语言范式等,都会影响教师的行为、情绪和认知。教师的职业性质影响着教师文化。教师的职业性质、职业规范、职业内隐与外显的种种要求对教师文化的形成会产生深刻的影响,因为"不同职业群体都附带了某些特定的态度、期望和标准"①,这些"态度""期望"和"标准"塑造着教师文化。教师文化还受到学校内外各种制度的影响。马克斯·韦伯认为,现代社会中的每一个领域都是通过科层制进行组织和管理的,因此,这个领域的活动是通过既定的规则和规章进行的。这些规则和规章会影响这个领域的职业文化。同样地,教师文化也具有受到与教师工作有关的各种规章限制和控制的属性。

再次,教师文化规定和影响着教师实践活动。"现代工作文化不仅要求个人对其承担的角色有适当的资格,也要求他们以某种被规定的方式来扮演这些角色。"②也就是说,某种职业不仅要求其成员具有专业人员的资格,还要求其成员必须看来像"专业人员"。教师实践活动取决于教师文化规范对其的限制与规定,取决于教师文化价值观及其共享的基本假设。从埃德加·沙因的文化层次理论我们了解到,基本假设是文化的最深层次,是人们所具有的无意识的、理所当然的信念、知觉、想法和感受等。一旦基本假设形成,就会被其成员视为理所当然。这些基本假设不仅被老教师视为理所当然,还会成为新教师思考、感受和表现的目标。如果违背这些基本假设,教师会感到不安、焦虑。教师文化中的基本假设包括关于权力地位的假设、关于身份与角色的假设、关于教师间关系的假设、关于工作与生活关系的假设,等等。这些价值观与假设构成了教师文化,"并由此产生具体的行为规范,这些规范反过来指导人们,以期与更为宽泛的社会结构的'需求'相协调的方式行动"③。因此,如何思考和如何行动都是教师文化规范在教师这个特定群体中的表达形式,群体中的每个人都体现着这些思考和行动的方式。

---

① 〔英〕戴维·英格利斯. 文化与日常生活[M]. 张秋月,周雷亚,译. 北京:中央编译出版社,2010:7.
② 〔英〕戴维·英格利斯. 文化与日常生活[M]. 张秋月,周雷亚,译. 北京:中央编译出版社,2010:54.
③ 〔英〕戴维·英格利斯. 文化与日常生活[M]. 张秋月,周雷亚,译. 北京:中央编译出版社,2010:12.

第二节　吉尔特·霍夫斯泰德的文化维度理论

文化维度理论是具有影响力的文化理论之一，是荷兰管理学家、马斯特里赫特大学教授吉尔特·霍夫斯泰德从 1968 年至 1972 年对 IBM 分布在 40 个国家和地区的 11.6 万名员工进行文化价值观调查的基础上总结出来的，20 世纪 70 年代后形成系统理论。吉尔特·霍夫斯泰德把文化比喻成洋葱，包括符号、英雄、仪式和价值观几个层次（图 2-1）。[①]

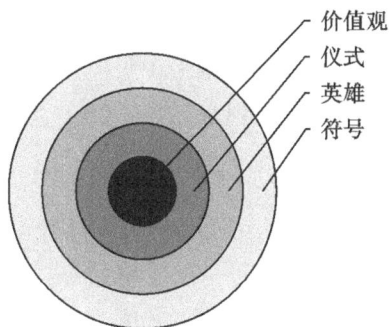

图 2-1　不同深度层次的文化表现

符号是指仅仅能被某种文化的缔造者和共享者认同与理解的图画、词汇、手势等，其承载着某种特定的意蕴。语言或行话里的词汇属于符号，服饰、发型、信号旗、地位也属于符号。英雄是人，无论他们是在世的还是故去的，无论他们是真实的还是虚构的，他们都具有某一文化高度赞扬的品格，因此被视为行为的楷模。仪式是一些集体活动，包括问候的方式、向他人表示尊重的方式、社会的或宗教的庆典。仪式也包括话语。话语是在日常互动以及观念交流时运用语言的方式，既包括书面文字，也包括口头表达。吉尔特·霍夫斯泰德把符号、英雄、仪式都归结为实践活动，因为它们可以被外部观察到。它们的文化

---

① 〔荷〕吉尔特·霍夫斯泰德，格特·扬·霍夫斯泰德. 文化与组织：心理软件的力量［M］. 李原，孙健敏，译. 北京：中国人民大学出版社，2010：7.

含义是无形的,并只能由文化内的成员通过实践活动予以诠释。文化的核心由价值观构成。价值观指人们相信什么是真、善、美等抽象观念,这也是文化中最深邃、最难理解的部分。

一、文化价值观的五个测量维度

吉尔特·霍夫斯泰德及其团队在 20 世纪六七十年代先后对跨国公司 IBM分布在多个国家和地区的员工进行了一项大规模的文化价值观调查。通过调查,吉尔特·霍夫斯泰德发现,在一个国家或组织中,人们与权威的关系、个体与社会的关系及处理冲突的方式决定了组织的运行方式、组织中群体的运行和群体中个人活动的结果,加上后期采纳了中国香港中文大学教授彭迈克等学者对他总结出的文化维度理论的补充,总结出衡量价值观的五个维度,即权力距离、集体主义—个体主义、不确定性规避、阳刚气质—阴柔气质和长期导向—短期导向。

(一)权力距离

"权力距离"这一名词来源于毛克·米尔德的研究,它指的是上下级之间的情感距离。吉尔特·霍夫斯泰德把权力距离界定为,在某个国家或国家的机构和组织中,弱势成员对于不平等分配的权力的接受程度。机构是指包括社区、家庭和学校等在内的构成社会的基本单位;组织是指人们的工作场所。

吉尔特·霍夫斯泰德认为,权力距离能够衡量一个国家或组织中人们彼此间的相互依赖关系。在低权力距离的国家或组织中,上下级往往通过协商的方式工作与交流,下级很容易接近上级,共同商讨问题,下级有时甚至会反驳上级的意见,上下级之间的情感距离不大,下级对上级的依赖性较小、依附程度较低。在高权力距离的国家或组织中,下级对上级的依附程度较高,有相当大的依赖性。下级的反应表现为,或者偏爱这种依赖性(表现为专制型或家长式的领导),或者彻底抵制这种依赖性。这种抵制在心理学上被称为反依赖,它也是一种依赖,只不过以消极的方式体现出来。在高权力距离的国家或组织中,下级很少有机会与上级直接交流、沟通或商讨问题,更难以直接反驳、反抗上级,彼此间的情感距离较大。因此,某一组织或机构中人们对他人的依赖程度是判断权力距离的出发点。不同权力距离组织的差异见表 2-1。[①]

表 2-1　不同权力距离组织的差异

低权力距离组织	高权力距离组织
学生平等地对待教师	学生尊重教师,这种尊重甚至不仅限于课堂
教师期望学生在课堂上发挥主动性	教师在课堂上占绝对主动
教师是传授客观事实的专家	教师是传授个人智慧的导师
教学质量取决于双方的沟通及学生的优秀程度	教学质量取决于教师的优秀程度
与受教育程度高的人相比,受教育程度低的人更接受权威价值观	无论受教育程度高低,人们都同等程度地接受权威价值观
强势群体与弱势群体一定程度上相互依赖	弱势群体依赖于强势群体,弱势群体出现两极分化:一些人表现为依赖,另一些人表现为反依赖
组织中的等级制度意味着角色的不同,制度的建立仅仅是为了工作方便	组织中的等级制度反映了高、低阶层之间业已存在的不平等
权力分散	权力集中
权力的使用应该合法化,并应遵循善恶标准	权力凌驾于权利之上;掌权者总是正确的和正义的
上下级间讲求实效	上下级间带有感情色彩

(二)集体主义—个体主义

这个维度关注的是在一个组织中是强调个体独立于群体还是依赖于群体,

[①]〔荷〕吉尔特·霍夫斯泰德,格特·扬·霍夫斯泰德. 文化与组织:心理软件的力量[M]. 李原,孙健敏,译. 北京:中国人民大学出版社,2010:58-69. 吉尔特·霍夫斯泰德关于不同权力距离组织之间的差异根据一般规范、家庭、学校、工作场所等方面分别进行了归类,本书主要选取了其中与本书研究相关的论述,下述表格的内容也是根据这一原则选取的。

是强调"独立的个体"还是"互依的个体"。吉尔特·霍夫斯泰德认为,个体主义—集体主义维度与几个工作目标的重要性有关。个体主义方面有:个人时间——拥有一份能够给自己和家庭生活留出足够时间的工作;自由——有相当大的自由度按照自己的方式完成工作;挑战——拥有挑战性的工作,从中获得个人的成就感。集体主义方面有:培训——有培训的机会;物质条件——有良好的物理工作条件;技能的运用——在工作中充分运用自己的技术和能力。除了工作目标外,职业的流动性、人们对于集体利益与个体利益的看法、人们在工作场所中常用的人称代词、组织的管理模式(对群体还是对个体进行管理)等都是衡量组织文化个体主义或集体主义取向的指标。

简言之,组织强调员工对其的依赖性还是独立性是衡量集体主义与个体主义的准则。集体主义与个体主义的差异见表 2-2。①

表 2-2　集体主义与个体主义的差异

集体主义	个体主义
过失会导致群体蒙羞	过失会导致负罪感和丢面子
避免使用第一人称"我"	鼓励使用第一人称"我"
在课堂上,学生们只有被群体允许时才回答问题	学生们在课堂上独立回答问题
职业流动性很低	职业流动性很高
管理是对群体进行的管理	管理是对个体进行的管理
人际关系重于工作任务	工作任务重于人际关系
集体利益高于个人利益	个人利益高于集体利益

(三)不确定性规避

不确定性规避是指某种文化中的成员在面对不确定的、不可知的、难以预见的情况时感到受威胁和紧张的程度。这种感觉经常通过焦虑感、紧张感、不

① 〔荷〕吉尔特·霍夫斯泰德,格特·扬·霍夫斯泰德. 文化与组织:心理软件的力量[M]. 李原,孙健敏,译. 北京:中国人民大学出版社,2010:101,107,112.

安全感和对可控制性、可预测性、可预见性的需求表现出来。

"不确定性规避"这个词是从组织社会学著作中借鉴过来的,特别是詹姆斯·G.马奇的著作。马奇和他的同事通过研究美国的组织提出了这个概念。所有人都会面对这样一个事实:我们不知道明天会发生什么,未来是不确定的,但是我们不得不与之共存。不确定性的实质在于它是一种主观体验,是一种感觉。不确定性的感觉不仅仅是个人的,一个群体中的所有成员都可能会有共同的感觉。不确定性的感觉是习得的,并作为社会文化遗产的一部分,通过一些组织(如家庭、学校)得以传承和强化。它能够在一个特定社会的普遍价值观中得到反映。其根基是非理性的,会导致形成一个社会的集体行为模式。不确定性规避和焦虑有密切关系。弱不确定性规避文化中,人们的焦虑水平相对较低,一般给人以安静、克制、懒散的印象;而强不确定性规避文化往往是富于表现力的文化,在这种文化中,人们说话的时候喜欢带着手势、提高嗓门,以表达自己的情感,一般给人以匆忙、多疑、不沉着、情绪化、富有攻击性的印象。不确定性规避文化尽力避开不确定的情况,处于这种文化中的人们总想在他们所在的组织、机构和关系中寻求一种结构,从而使事情更加清晰和可以预测。因此,是否强烈地、迫切地寻求确定性是区别不确定性规避强弱的基准。不确定性规避程度的差异见表2-3。①

表 2-3　不确定性规避程度的差异

弱不确定性规避	强不确定性规避
不确定性是生活中的常态,顺其自然地接受每一天的到来	生活中存在的不确定性是一种持续的威胁,必须与之抗争
压力小、焦虑少	压力大、焦虑多
攻击性和情感不应该外露	攻击性和情感应该在合适的时间、合适的场合显露
坦然面对不确定的情况和不常见的风险	接受常规风险,害怕不确定的情况和不常见的风险

① 〔荷〕吉尔特·霍夫斯泰德,格特·扬·霍夫斯泰德. 文化与组织:心理软件的力量[M]. 李原,孙健敏,译. 北京:中国人民大学出版社,2010:186,191,199.

（续表）

弱不确定性规避	强不确定性规避
差异令人好奇	差异是危险的
人们感觉更快乐	人们感觉不快乐
教师会说"我不知道"	教师被认为应该知道所有问题的答案
教师和家长共同参与	教师只是通知家长
容忍不确定和混乱	要求精确和正规
善于发明，不善于执行	善于执行，不善于发明
受到成就、尊重或者归属的需要的激励	受到安全、尊重和归属的需要的激励

（四）阳刚气质—阴柔气质

这个维度关注的是某种文化强调"工作"还是强调"生活"。如果某一组织关注挑战、收入、认可和提升，基于个人的业绩给予奖励，那么这样的组织文化具有阳刚气质；而当某一组织关注生活质量，基于个人的需要予以奖励，那么这样的文化被称为阴柔气质的文化。"工作是为了生活"是阴柔气质的本质，而"生活是为了工作"则是阳刚气质的核心。阳刚气质和阴柔气质的主要差异见表 2-4。[1]

表 2-4   阳刚气质和阴柔气质的主要差异

阴柔气质	阳刚气质
人际关系和生活质量都很重要	挑战、收入、认可和提升很重要
普通学生是标准	优异学生是标准
试图表现突出的学生令人嫉妒	在班级中展开竞争，争取优异
教师的友善受到推崇	教师的聪明才智受到推崇

---

① 〔荷〕吉尔特·霍夫斯泰德，格特·扬·霍夫斯泰德. 文化与组织：心理软件的力量［M］. 李原，孙健敏，译. 北京：中国人民大学出版社，2010：147，148，153，163.

（续表）

阴柔气质	阳刚气质
根据每个人的需求给予奖励	根据每个人的业绩给予奖励
工作的选择基于自身的兴趣	工作的选择基于职业机会
工作是为了生活	生活是为了工作
通过交往与合作来实现工作的体面化	通过工作内容丰富化来实现工作的体面化
宽容的社会	严厉的社会

（五）长期导向—短期导向

中国香港中文大学的彭迈克教授通过对来自亚太地区的 10 个国家或地区的学生进行价值观比较研究发现了一个新的文化维度：未来导向及其对立面——过去和现在导向。"基于道德"还是"基于权利"是两者的重要区别。吉尔特·霍夫斯泰德教授称该维度为长期导向—短期导向，并把它作为测量文化价值观的第五个维度。长期导向意味着培育和鼓励以追求未来回报为导向的品德，尤其是坚韧和节俭，而短期导向意味着培育和鼓励关于过去与当前的品德，尤其是尊重传统、维护面子以及履行社会义务。长期导向与短期导向之间的主要差异见表 2-5。①

表 2-5　短期导向与长期导向之间的主要差异

短期导向	长期导向
付出的努力应该速见成效	坚韧，愿意为长远回报而不断努力
尊重传统	尊重环境
强调个人的立场坚定	强调个人的适应性
重视社会和身份赋予的责任	愿意为最终目标而奉献自己

---

① 〔荷〕吉尔特·霍夫斯泰德，格特·扬·霍夫斯泰德. 文化与组织：心理软件的力量［M］. 李原，孙健敏译. 北京：中国人民大学出版社，2010：224，235，244.

（续表）

短期导向	长期导向
重视面子	知廉耻
工作中强调自由、权利、成就和为自己考虑	工作中强调好学、诚实、自律、适应性强和有责任感
基于权利	基于道德

二、对吉尔特·霍夫斯泰德文化维度理论的简要评价

吉尔特·霍夫斯泰德的文化维度理论由于大规模的调查统计、翔实的调研数据和丰富的理论阐述，已经成为一个可操作的文化研究理论框架，并广泛应用于社会学、心理学、管理学和跨文化交际等领域中。吉尔特·霍夫斯泰德的文化维度理论之所以被研究者广泛使用，主要基于以下几个方面。第一，吉尔特·霍夫斯泰德的文化维度理论是建立在大规模的调查与数据分析基础上的，具有一定的客观性。权力距离、集体主义—个体主义、不确定性规避、阳刚气质—阴柔气质四个维度是吉尔特·霍夫斯泰德通过量表对统计结果进行较准确的计量后得出的结论。第二，增加了以儒家价值观为取向的长期导向—短期导向。由于吉尔特·霍夫斯泰德早期收集的样本不全面，缺乏中国的样本和数据，被人们质疑具有强烈的文化主体意识。[①] 为了纠正文化研究中存在的偏见问题，吉尔特·霍夫斯泰德在已有的文化四维度基础上增加了长期导向—短期导向这一维度。之后，庞德等人的研究证明吉尔特·霍夫斯泰德的文化维度理论是可以用来解释中国文化的价值取向的。第三，吉尔特·霍夫斯泰德的文化维度理论涉及面较广。权力距离、集体主义—个体主义、不确定性规避、阳刚气质—阴柔气质和长期导向—短期导向分别考察的是在某种文化中，其成员"对不平等权力的接受度""人与人的关系观""对不确定性事物的态度""工作生活观"和"道德权利观"。这五个维度不仅可以从宏观上考察某个国家、地区、民

---

① 陈东平. 以中国文化为视角的霍夫斯泰德跨文化研究及其评价[J]. 江淮论坛，2008(1)：123-127.

族,还可以从微观上考察某个工作场所、家庭因文化价值观的不同而在认知和行为上呈现的差异。第四,吉尔特·霍夫斯泰德的文化维度理论处在不断发展和变化中。吉尔特·霍夫斯泰德的文化维度理论虽然是在 20 世纪 60—70 年代经过调查统计而得出的结论,但至今人们仍然在关注、发展与丰富这个理论。例如,英国学者查尔斯·汉普顿-特纳和荷兰学者冯·特姆彭纳斯在吉尔特·霍夫斯泰德的基础上提出了文化研究的七个维度,即平等—等级、序列时间—同步时间、分析的细节—综合的整体、内心的主见—外部影响、普遍主义—特定主义、成就定位—归属定位和个人主义—集体主义。

当然,任何一个理论都不可能是完美无缺的,霍夫斯泰德的文化维度理论也存在局限性,即该理论在文化研究对象的适用性上存在一定的局限性。就像吉尔特·霍夫斯泰德自己所言,这个文化维度理论不能用来说明一种文化中单个成员的文化价值取向,而只能用来描述成员总的价值取向[①],因此霍夫斯泰德理论只适用于描述和说明群体文化而不适合个体文化。

第三节 埃德加·沙因的文化层次理论

美国学者埃德加·沙因通过长期研究,提出了文化层次理论。他认为,可以从表层、中层和深层三个层次来分析文化,这三个层次包括人工饰物、信念和价值观及基本假设(图 2-2)。[②]

文化的表层是指人工饰物,包括团体的可视产品,如可观察到的礼仪、庆典、团体风格、风俗、礼节、象征、组织架构、共享的语言和互动系统等外显性的成分。它们构成了一个组织和群体的物质环境。关于各种人工饰物具有什么意义,它们之间有什么样的内在联系,反映了何种更深层的模式,埃德加·沙因认为需要研究文化的另一个层次,即信念和价值观。

---

① 彭世勇. 霍夫斯塔德文化价值理论及其研究方法[J]. 解放军外国语学院学报,2004(1):95-99.
② 〔美〕埃德加·沙因. 组织文化与领导力[M]. 马红宇,王斌,等译. 北京:中国人民大学出版社,2011:
  20.

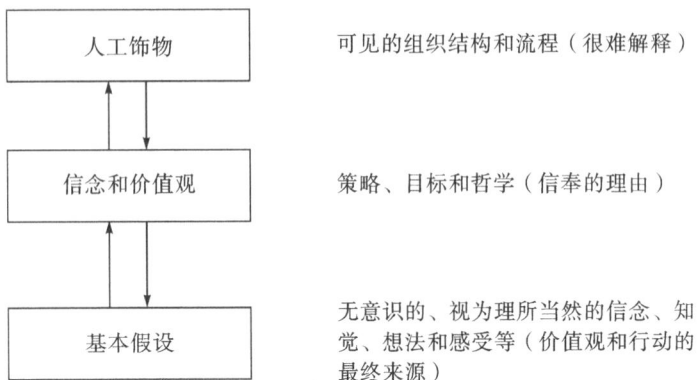

图 2-2　文化的层次

　　文化的中层是指一个组织中的成员共享的规范、信念、价值等。这些价值和规范并不一定以显性的形式呈现,而是以隐性的形式存在于组织成员的头脑中,约束着成员个体的行为。埃德加·沙因通过研究认为,文化中层的信念和价值观由团队的创建者与领导者传播开来,成为团队运行的规范和行为操作规则。

　　文化的深层是指组织团队的基本假设。埃德加·沙因认为,当解决问题的方法在一个组织或团队中被反复运用后,这个方法就会成为团队成员解决问题的有效途径。当一个仅为一种价值观所支持的假设逐渐被团队成员接受后,就会被团队成员视为理所当然的。而一旦人们形成一套完整的假设,和与自己具有相同假设的人相处时就会感到舒服,而对于与自己假设不同的事情难以理解,甚至会对他人的行为产生错误的认知。"因为人类需要获得认知稳定性,所以,关于基本假设的任何挑战或质疑都会使我们产生焦虑和防御。"[1]埃德加·沙因认为,组织团体的基本假设,不仅是团队成员个体的心理认知防御机制,还是团队的心理认知防御机制,确保团体的持续运转。

　　埃德加·沙因的文化层次理论有助于我们对教师文化进行系统和深层次的分析,能够为我们全面把握教师文化提供理论借鉴。

---

① 〔美〕埃德加·沙因. 组织文化与领导力[M]. 马红宇,王斌,等译. 北京:中国人民大学出版社,2011:24.

第三章　教师文化现状考察

本章采用实证研究的方法考察教师文化现状，以期对教师文化进行全面了解与把握。

第一节　研究设计

教师文化涉及教师职业生活的方方面面，教师对工作、生活、权利、地位、教学、人际交往等方方面面的态度和看法影响和形塑着教师文化。价值观是文化中最核心的部分，规定着文化的性质、方向，起着"精神生活方向盘"与"生活稳定器"的作用。因此，对教师文化状况的考察旨在对教师文化价值观进行考察。通过前文对教师文化的文献综述我们发现，社会环境、学校的管理模式、文化传统与习俗、教师工作的性质、教师共事的方式是影响教师文化价值观的主要因素。在本章中，我们对教师文化的定义是：教师文化是教师群体在身份、地位、职业性质、共同经历、制度等因素影响下形成的价值观及其共享的基本假设，渗透在教师职业生活中，形塑着教师的人格，规范着教师的行为。因此，我们认为，教师的身份、地位、职业性质、人际关系、制度等是影响教师文化价值观的主要因素。那么，教师在学校组织中具有什么样的身份、地位呢？他们是如何看待这种身份、地位的？这种身份、地位是如何影响教师的人际交往观的？教师职业具有什么样的根本属性？这种属性对教师的心理产生了什么影响？这种心理又是如何影响教师的教学观、知识观的？教师在工作中是否有合作？教师是如何看待这种合作的？学校内外的制度、传统、习俗对教师的职业观、师德观、幸福观产生了什么影响？即教师"对在学校地位的认知""与组织和群体的关系""对不确定性事物的接受观""工作生活观"和"道德责任观"是本书对教师文化进行考察和分析的基本内容。

通过对教师文化主要影响因素的分析和对教师文化研究文献的梳理，我们认为，教师文化价值观主要包括"对在学校地位的认知""与组织和群体的关系""对不确定性事物的接受观""工作生活观"和"道德责任观"。教师"对在学校地位的认知"是教师文化价值观的主导因素，包括教师的师生观、教师与管理者的关系观、教师在学校中的地位观、教师对学校管理的评价观；"与组织和群体的关系"是教师文化价值观的重要组成部分，包括教师的工作时间、教师的专业权利、教师的职业流动、教师在课堂中的话语、教师的合作、教师的培训；教师"对不确定性事物的接受观"是教师文化价值观的核心因素，包括教师的焦虑感或安全感、教师的冲突感与困惑感、教师的教学目标观、教师的知识技术观、教师的教学改革观和教师的家长角色观；教师的"工作生活观"是教师文化价值观的动力因素，包括教师选择教师职业的动机观、教师的幸福观和教师的工作认知观；教师的"道德责任观"是教师文化价值观的先导因素，考察的是教师对道德和责任的看法，包括教师的师德观和教师的工作价值观。

文化是一个抽象和不容易捉摸的复杂体系，如果要做系统化、科学化的比较研究，便要有一个理论框架做主导，不然就会流于松散和凌乱，不能深入，对教师文化的研究也是如此。如果不选择一个理论框架来支撑，不但对教师文化价值观难以梳理，而且会出现没有边界、难以穷尽的现象。因此，需要一个理论框架来对研究进行统整。从不同的视角研究教师文化会选择不同的切入点、路径与工具。本书基于组织文化的视角，即研究在学校这一组织内，由组织成员共享的行为规范、价值和基本假设等因素构成的文化，因此，本书需要以组织文化理论为研究工具对教师文化价值观进行考察。具体的考察维度见图 3-1。

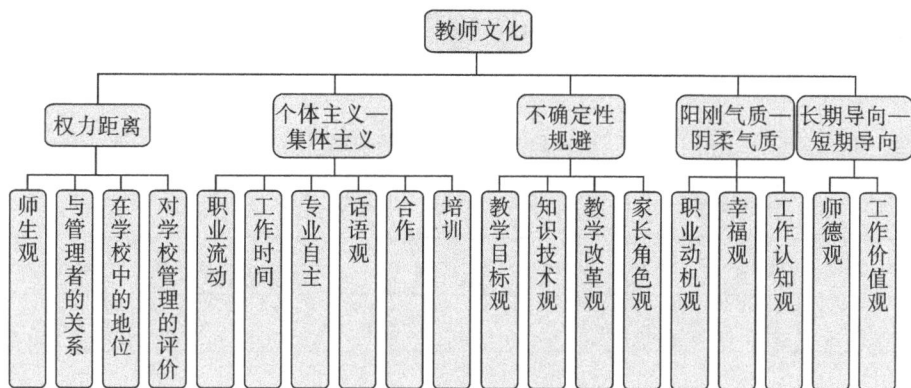

图 3-1　教师文化考察维度

第二节　权力距离考察

权力距离衡量的是弱势成员对于权力分配不平等的接纳程度,反映了在某一组织或机构中人们之间的依赖关系。因此,某一组织或机构中人们对他人、对组织的依赖程度是判断权力距离高低的出发点。笔者拟从教师的师生观、教师与管理者的关系、教师在学校中的地位、教师对学校管理的评价四个方面来考察。

一、教师的师生观

教师对与学生关系的看法涉及教师把自己放在一个怎样的位置上:控制学生、平等地对待学生还是在某种程度上依赖学生? 学校的制度又是如何调控师生关系的? 为此我们在调查问卷中设计了两道题来考察师生关系。

对于"您认为教师对于学生而言是"这一问题,20.2％的教师认为是"父母",53.5％的教师认为是"朋友",4.7％的教师认为是"领导",14.0％的教师认为是"服务人员",还有 7.6％的教师选择了"其他"(表 3-1)。

对于"您认为师生相处的原则是"这一问题,选择"平等"的教师占 69.9％,

选择"教师支配,学生从属"的教师占 15.3%,选择"学生主导,教师服务"的教师占 14.8%(表 3-2)。

表 3-1　教师与学生的关系

	父母	朋友	领导	服务人员	其他	合计
人次	117	309	27	81	44	485
百分比/%	20.2	53.5	4.7	14.0	7.6	100

表 3-2　师生相处的原则

	平等	教师支配,学生从属	学生主导,教师服务	合计
人次	339	74	72	485
百分比/%	69.9	15.3	14.8	100

上述两题的调查结果是一致的。有一半以上的教师认为自己和学生的关系是朋友,有 69.9%的教师把"平等"看作与学生相处的原则。可见,大部分教师把自己放在了与学生平等的位置上。这表明在理智上,教师希望与学生建立一种平等关系。而对教师的访谈显示,实际上教师在情感上与学生是一种依赖关系,尤其是当教师把所有的精力都放在学生身上时,这种情感依赖更加强烈。

当你和(某个)孩子谈完了,孩子在一段时间里表现得非常好,你就会觉得很骄傲。当你教育完了孩子,不管怎样他都没有改变,这同样会影响你的情绪。老师的喜怒哀乐全部寄托在孩子身上。我一天开不开心,我丈夫和我女儿都左右不了,全在于他们(学生)。如果今天任课老师评价(班里学生)很高,然后有几个同学考在了(全年级)前面,我自己就美得不行了,看什么都好。(心情)太受(学生的)影响了。(对 T 老师的访谈)

而学校的制度安排在某种程度上也体现了对师生关系的要求。

某校的教师学期考核细则中将学生评教作为教师考核的指标之一。学生评教涉及课堂教学与教育效果两个方面,各占 5 分。具体规定如下:同一个班级的任课老师,学生问卷中"课堂教学"选项成绩排序前 30% 的计 5 分,30%~50%(不含 30%)的计 4 分,50%~70%(不含 50%)的计 3 分,70%~90%(不含70%)的计 2 分,90%~100%(不含 90%)的计 1 分,所教班级得分的平均数为该教师所教学生评教得分。

同一个班级的任课教师,学生问卷中"教育效果"选项成绩排序前 40% 的计5 分,40%~80%(不含 40%)的计 4 分,80%~100%(不含 80%)的计 3 分。所教班级的平均分为该教师教育效果得分。

该校学生评教问卷具体内容如下。

E. 上课效果

请你在所有任课教师中选出上课效果最好的 9 位。考查的内容包括教师上课时教学方法是否符合本班学生实际,课堂内与学生的互动是否积极、有效、学生的主体作用是否充分发挥,学生学习成绩是否符合其水平,等等。

F. 作业布置与批改

请你在所有任课教师中选出作业布置、批改最及时有效的 9 位。考查的内容包括教师布置作业数量是否合适、作业是否及时批改、对作业批改的质量是否满意等。

G. 课堂纪律

请你在所有任课教师中选出课堂纪律最满意的 9 位。考查的内容包括教师能否在 2 分钟铃响后立即组织学生上课、你对课堂秩序是否满意、教师有无体罚或变相体罚学生的现象、教师是否按时下课不拖堂等。

H. 总体评价

请选择你最满意的学科教师。考查内容包括教师的上课情况、作业批改情况、学生辅导情况、师生关系和谐情况、学科成绩满意情况、教师的表率作用等。

从调研情况可以看出,教师愿意以平等的姿态与学生交往,学校的管理与制度也鼓励与支持这种关系。

二、教师与管理者的关系

在 49.9% 的教师看来,"教师与管理者的关系",是"管理与被管理的关系",

14.2%的教师认为是"服务与被服务的关系",35.9%的教师认为是"平等的同事关系";对"教师与管理者的关系是否融洽"这一问题,31.7%的教师认为"融洽",44.6%的教师认为"较为融洽",19.5%的教师认为"一般",4.2%的教师认为"不融洽";对"教师对管理者的态度"这一问题,14.4%的教师选择"敬畏",50.5%的教师选择"尊敬",7.6%的教师选择"支持",2.1%的教师选择"以诚相待",25.4%的教师选择"平等"。调查结果见表3-3至表3-5。

表 3-3　教师与管理者的关系

	管理与被管理的关系	服务与被服务的关系	平等的同事关系	合计
人次	242	69	174	485
百分比/%	49.9	14.2	35.9	100.0

表 3-4　教师与管理者的关系是否融洽

	融洽	较为融洽	一般	不融洽	合计
人次	106	149	65	14	334
百分比/%	31.7	44.6	19.5	4.2	100.0

表 3-5　教师对管理者的态度

	敬畏	尊敬	支持	以诚相待	平等	合计
人次	70	245	37	10	123	485
百分比/%	14.4	50.5	7.6	2.1	25.4	100.0

此外,笔者在访谈中发现,教师与管理者间具有较强烈的感情色彩。

(校长的影响对学校来说重不重要?)我觉得非常非常重要,我经常听到一句话——"一个好校长成就一所好学校"。我不知道这句话从辩证角度讲有没有道理,但我从一个老师的角度,包括现在从一个中层管理者的角度来看这句话很有道理。特别是现在中层管理者能直接听到来自校长的声音，了解校长的理念，这些可能是普通教师听不到、看不到或者说感悟不了那么深的！校长太重要了，他直接影响教师的工作思路和工作方法。比如说我们每个教室都安上了摄像头了，便于学校管理。有些中层管理者说，今后要充分利用摄像头，可以不用进课堂了，直接通过摄像头就能观察到老师和学生，包括老师上课的认真程度、规范程度。但校长非常中肯地说了一句话："虽然我对这个问题考虑得还不成熟，但今后要慎用摄像头！我希望咱们干部今后有时间还是尽可能进课堂，通过课堂听课去发现问题，慎用这种方式去发现问题。"我觉得这就体现了对教师的尊重。什么是尊重？尊重就体现在这些细节小事上。我很喜欢这样的领导。(对 K 老师的访谈)

上述是一种崇拜、敬仰管理者的情感。教师还存在另一种对管理者的极端情感：对抗。

教师的身份特点无形中(与管理者)形成了一种对立。他们可能对来自上面的(管理)有一种本能的反抗。我举个最简单的例子。我当时分管教学，在检查语文组老师批改的作文时发现，有的老师是全批全改，而且评语写得很细致。有的老师写的评语很少。我感觉评语写得很细致对学生指导意义较大，而写得较少的(评语)指导意义不大。当时我就和语文组组长交流，希望召集老师们谈谈作文怎么批，包括文字的呈现、分数的呈现，就是给作文批阅定个框。我认为自己这个建议很好，因为能够使作文的批阅有个规范的模式。(语文组组长)回去后(教研组)就炸锅了，老师的情绪已经是(和管理者)对立的了。通过这件事情我就感觉有的老师可能根本没有听明白怎么回事(就)进行反抗，有的即使明白了也不去思考。我想，即便管理者的出发点是好的，是为了工作更好地开展，但在他们(老师)看来，管理者就是要"卡"他们。(对 K 老师的访谈)

在问卷调查中这种对抗性也有所体现。对于"您对学校的管理或上级的要求有过对抗的言行吗？"这一问题，6.4%的教师选择"有"，41.0%的教师选择"从未有过"，有39.4%的教师选择"偶尔有"，13.2%的教师选择"私底下反对，表面上配合"，见表 3-6。

表 3-6　是否有过对抗行为

	有	从未有过	偶尔有	私底下反对，表面上配合	合计
人次	31	199	191	64	485
百分比/%	6.4	41.0	39.4	13.2	100.0

三、教师在学校中的地位

对于"您认为教师在学校中的地位"这一问题，19.8%的教师选择"一般"，49.0%的教师选择"有一定的地位，但地位不高"，15.9%的教师选择"有较高的地位"，15.3%的教师选择"是学校的核心"（表 3-7）。

表 3-7　教师在学校中的地位

	一般	有一定的地位，但地位不高	有较高的地位	是学校的核心	合计
人次	92	228	74	71	465
百分比/%	19.8	49.0	15.9	15.3	100.0

对于"您认为管理者对于您来说"这一问题，18.0%的被调查者选择"上下级关系"，26.3%的教师选择"决定着资源的分配"，40.2%的教师选择"评价自己的工作"，11.8%的教师选择"处理外部关系"，3.7%的教师选择"只是服务者而已"（表 3-8）。

表 3-8　教师与管理者的关系

	上下级关系	决定着资源的分配	评价自己的工作	处理外部关系	只是服务者而已	合计
人数	154	226	345	101	32	858
百分比/%	18.0	26.3	40.2	11.8	3.7	100.0

对于"您所在的学校,管理人员(包括学校领导)的主要职责是"这一问题,21.7%的教师选择"为教学的正常运转提供服务",12.3%的教师选择"协调外部关系",8.7%的教师选择"监控教师",21.7%的教师选择"评价教师",14.2%的教师选择"进行资源配置",21.4%的教师选择"制定规章,规范教师与学生的日常行为"(表3-9)。

表3-9 管理者的主要职责

	人次	百分比/%
为教学的正常运转提供服务	254	21.7
协调外部关系	144	12.3
监控教师	102	8.7
评价教师	254	21.7
进行资源配置	166	14.2
制定规章,规范教师与学生的日常行为	249	21.4
合计	1169	100.0

四、教师对学校管理的评价

教师与管理者既然是一种下级与上级的关系,那么教师对学校管理的评价能够体现教师对权威、权力的接受程度,是欣然接受、被动顺应还是激烈对抗。为此笔者在调查问卷中设计了两道题。

对于"您所在的学校的管理"这一问题,14.5%的教师选择"等级森严,教师没有话语权",46.4%的教师选择"民主,教师有机会参与学校管理",5.3%的教师选择"涣散,领导缺乏管理思路",24.4%的教师选择"教师有较多的专业自主权",9.4%的教师选择"为教师提供服务"(表3-10)。

表 3-10 教师对所在学校管理的评价

	人次	百分比/%
等级森严,教师没有话语权	88	14.5
民主,教师有机会参与学校管理	281	46.4
涣散,领导缺乏管理思路	32	5.3
教师有较多的专业自主权	148	24.4
为教师提供服务	57	9.4
合计	606	100.0

调查显示,大多数教师比较认同学校的管理。管理者对学校的管理方式体现了管理者的管理水平与宽容程度。

对于"您所在的学校对教师的评价是基于"这一问题,35.1%的教师选择"学生的成绩",15.5%的教师选择"教师培养和处理师生关系",18.7%的教师选择"教师的科研能力",30.7%的教师选择"教师的教学能力"(表 3-11)。

表 3-11 学校对教师的评价根据

	学生的成绩	教师培养和处理师生关系	教师的科研能力	教师的教学能力	合计
人次	334	148	178	292	952
百分比/%	35.1	15.5	18.7	30.7	100.0

35.1%和30.7%的教师选择"学生的成绩"和"教师的教学能力",而"教师的教学能力"是通过"学生的成绩"体现的,在一定程度上"学生的成绩"是学校对教师评价的主要指标。

某中学教师考核实施细则规定,对教师的考核由师德、职业道德(20分)、工作业绩(40分)和政治学习、劳动纪律(10分)三部分组成。其中,工作业绩分为教学成绩和工作实绩,各 20 分。教学成绩中有一项是专门针对中考、会考学科教师的。细则规定,以每学期期末考试级部总成绩在××区所有初中学校中的位次作为对同一集备组所有教师进行考核的依据。级部总成绩的平均分位于全区前 10% 的,集备组教师每人赋 20 分;位于全区前 10%～20% 的,集备组教师每人赋 19 分;位于全区前 20%～30% 的,集备组教师每人赋 17 分;位于全区前 30%～40% 的,集备组教师每人赋 10 分;位于全区 50% 以后的,此项赋 0 分。根据平均分的名次所赋的分值为 A,根据及格率的名次赋的分值为 B,根据优秀率的名次赋的分值为 C,则集备组每位教师此项实得分数＝A×40%＋B×30%＋C×30%。[1]

教师们又是如何看待这种考评模式的呢?

对教师的评价,学生成绩是唯一的评价标准。教育因素是 2 的 N 次方,教师、学生、家长都会影响学生的成绩。作为一个教学单位来说,(学生的成绩)与班主任有关系,与任课老师有关系,和我们的领导也有关系,包括和我们的上级领导制定的政策都有关系,但考核只是"追究"我们(任课)老师的责任。学校通过班级的优秀率、合格率、及格率对教师进行精确考评,相差 0.01 分,就是一个优秀一个不优秀。(对 W 老师的访谈)

(你们认为这种评价方式公不公平?)目前没有更好的评价方式,没有什么公不公平,只有相对公平。(对 S 老师的访谈)

第三节 个体主义—集体主义考察

个体主义—集体主义维度主要考察某种文化中"人们如何相互联系""基本的联系单位是什么",反映的是某种组织文化中成员是以个体还是以集体为基石,个体独立于群体还是依赖于群体,是关注个体利益还是关注集体利益。

吉尔特·霍夫斯泰德认为,个体主义—集体主义维度与几个工作目标的重

----

[1] 本材料选自调研的某所初中对教师实施的考评细则。

要性有关。个体主义方面有：个人时间——拥有一份能够给自己和家庭生活留出足够时间的工作，自由——有相当大的自由度按照自己的方式完成工作，挑战——拥有挑战性的工作，从中获得个人的成就感。集体主义方面有：培训——有培训的机会，物质条件——有良好的物质工作条件，技能的运用——在工作中充分运用自己的技术和能力。为什么用个人时间、自由以及挑战的重要性来体现个人主义呢？因为它们都强调了员工对于组织的独立关系。而培训、物质条件以及技能的运用是组织为员工提供的东西，并通过这种方法来加强员工对组织的依赖性，这些特点与集体主义相匹配。除了工作目标外，职业的流动性、人们对于集体利益与个体利益的看法、人们在工作场所中常用的人称代词、组织的管理模式（对群体还是对个体进行管理）等都是衡量某种组织文化中个体主义或集体主义取向的指标。简言之，某种组织文化中，其成员对于组织和他人是依赖的还是独立的，是衡量集体主义与个体主义的准则。

据此，为了了解教师职业的自由度、吸引力与凝聚力、重视集体利益还是个体利益、教师对培训的重视程度，我们拟从教师的工作时间、教师的专业自主权、教师的职业流动观、教师在课堂中的话语观、教师间的合作、教师培训六个方面来对教师文化的个体主义—集体主义取向，也就是教师对组织和群体的关系观进行考察。需要说明的是，本书中的个体专指教师个人，集体包括教师群体、班集体、学生集体以及学校。

一、教师的工作时间

对教师每天工作时间的调查是想了解教师能否给自己和家庭留出足够的生活时间。

对于"您每天的工作时间"这一问题，选"8小时以下"的教师占 3.8%，选"8小时"的教师占 33.3%，选"9～10小时"的教师占 41.1%，选"10小时以上"的教师占 21.8%（图 3-2）。

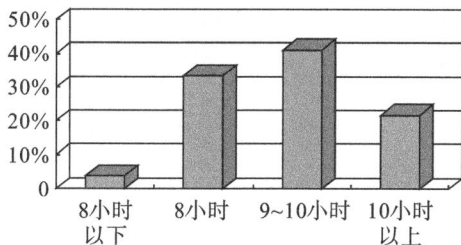

图 3-2　教师每天的工作时间

从调查中可以看出,有 96.2% 的教师每天工作 8 小时及以上,因此教师较难给自己和家庭留出充足的生活时间。访谈的结果也是一样的。

每天至少工作 12 个小时。我们早晨 7 点半上班,晚上 5 点多下班,下班后一般走不了,要办公到晚上六七点。回家后还要备课,所以我们每天至少工作 12 个小时。(老师这种工作状态,家里人能理解吗?)理解,只能说不得不理解,因为要在一起共同生活。如果不理解就不会支持你。(家里人)从不理解到理解。不了解老师工作状态的总是羡慕老师工作安稳,有两个寒暑假,但他们不知道我们早上出门那么早,晚上回家那么晚!(对 W 老师的访谈)

从问卷和访谈中发现,教师职业并不像人们想象的那样闲适,教师虽然有寒暑假,但他们每天花在工作上的时间是较多的。即便在寒暑假,他们也要为参加各种培训而忙碌。因此,教师属于自己和家庭的自由时间并没有人们想象的那么多。

二、教师专业自主权

教师专业自主权是指教师作为一门职业,其从业人员所拥有的权利。[①] 通过对"教师专业自主权的认知与评价"的考察来了解教师是否"有相当大的自由度按照自己的方式完成工作"。

对"作为教师,您认为拥有以下哪些权利"这一问题,5.2% 的教师选择"教科书选用权",6.8% 的教师选择"课程实施计划制订权",27.0% 的教师选择"教学

---

① 肖川. 成为有智慧的教师[M]. 长沙:岳麓书社,2012:424.

形式和教学方法运用权",14.7％的教师选择"评价手段使用权",19.2％的教师选择"对学生的管理权",13.4％的教师选择"教学内容安排权",6.2％的教师选择"工作时间安排权",7.5％的教师认为"不拥有任何权利"。

对"作为教师,您最希望拥有哪些权利"这一问题,9.0％的教师选择"教科书选用权",8.6％的教师选择"课程实施计划制订权",20.2％的教师选择"教学形式和教学方法运用权",15.0％的教师选择"评价手段使用权",14.7％的教师选择"对学生的管理权",11.7％的教师选择"教学内容安排权",20.8％的教师选择"工作时间安排权"(表 3-12)。

表 3-12　教师的权利观

	教师认为拥有的权利		教师希望拥有的权利	
	人次	百分比/％	人次	百分比/％
教科书选用权	51	5.2	83	9.0
课程实施计划制订权	67	6.8	79	8.6
教学形式和教学方法运用权	267	27.0	185	20.2
评价手段使用权	145	14.7	138	15.0
对学生的管理权	190	19.2	135	14.7
教学内容安排权	132	13.4	107	11.7
工作时间安排权	62	6.2	191	20.8
不拥有任何权利	74	7.5	—	—
合计	988	100.0	918	100.0

教师的专业权利不仅包括教什么和怎么教,还包括对学生的奖励与惩罚、对学生学业成绩的评定等权利。[①] 其中"教科书选用权"和"课程实施计划制订权"属于教什么的权利,分别只有 5.2％和 6.8％的教师认为拥有教什么的权利;"教学形式和教学方法运用权"和"教学内容安排权"属于怎么教的权利,分别有

---

① 肖川. 成为有智慧的教师[M]. 长沙:岳麓书社,2012:424.

27.0%和13.4%的教师认为拥有这些权利,所占比例不大;"评价手段使用权"和"对学生的管理权"属于对学生的奖惩与评定的权利,只有14.7%和19.2%的教师认为拥有这些权利;而"工作时间安排权",是近1/4的教师最想拥有却难以拥有的权利。从调研中可以看出,教师"按照自己的方式完成工作"的自由度不高。

三、教师的职业流动

职业流动率的高低能够反映某种职业对其成员的吸引力。因此,通过普通中小学教师的流动情况可以考察教师职业是否具有吸引力。笔者对2005—2010年全国普通中小学的专任教师人数进行了统计分析(表3-13、图3-3)。[1]

表3-13 2005—2010年全国普通中小学专任教师人数

学校类别	普通中小学专任教师人数/万人					
	2005年	2006年	2007年	2008年	2009年	2010年
普通高中	129.95	138.72	144.31	147.55	149.33	151.82
普通初中	347.18	346.35	346.43	346.90	351.34	352.34
普通小学	559.25	558.76	561.26	562.19	563.34	561.71

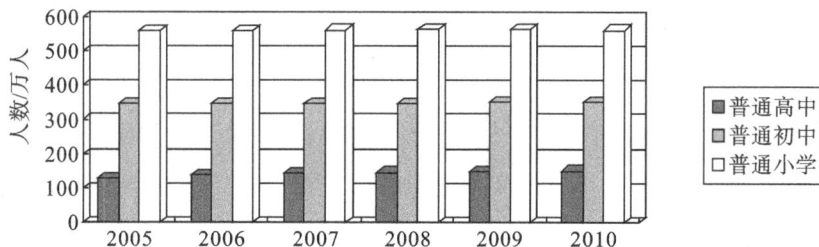

图3-3 2005—2010年全国普通中小学专任教师人数

① 教育部. 2005—2010年普通中小学专任教师人数[EB/OL]. http://www.moe.gov.cn/publicfiles/business/htmlfiles/moe/moe_1662/index.html.

从上述图表可以看出,六年中除了普通小学专任教师的人数在 2006 年和 2010 年、普通初中专任教师的人数在 2006 年出现减少的现象外,其他学校专任教师的人数基本上是逐年递增的。从 2005 年到 2010 年,普通高中专任教师人数增加率为 16.8%,普通初中专任教师人数增加率为 1.5%,普通小学专任教师人数增加率为 0.4%。当然这些人数的变动包括了人员的增加和减少。人员的增加包括录用毕业生、调入和校内调整;人员减少包括自然减员、调出和校内调整。从统计数据来看,六年中中小学专任教师人数基本保持稳定,没有大起大落的现象。因此,不论出于何种原因,教师职业的流动率并不高。这也在访谈中得到了印证。

我毕业工作 20 年了,20 年一直在这所学校工作。我们初中老师有一个好处,不大动窝,毕业后一般一直待在一个学校。(对 S 老师的访谈)

教师在培育社会关系和取得教师资格的过程中的投入形成了对学校系统的承诺。而选择教师职业意味着放弃进入其他领域的机会。这些放弃的替代机会强化了承诺,并连同投入使得教师对学校产生了牢固的依附关系。"虽然牢固的依附加强了群体和组织,但是对于维持个体的流动性和一个流动的、适应性强的社会结构来说,微弱的依附却是必要的。强烈的依附妨碍个体探索替代性机会以及充分利用这些机会去增加他们的报酬和提高他们的地位。"[①]对学校组织的强烈依附不可避免地限制了教师的社会流动性。

此外,针对教师对职业的认可度笔者在调查问卷中设计了两道题。对于"假如让您再选择一次,您还会选择教师职业吗?"这一问题,29.3%的教师选择"会",24.7%的教师选择"不会",46.0%的教师选择"很难说";对于"您有过改行的想法吗?"这一问题,14.4%的教师选择"一直有",20.9%的教师选择"从未有过",64.7%的教师选择"偶尔有过"(表 3-14、表 3-15)。

---

① 〔美〕彼得・布劳,马歇尔・梅耶. 现代社会中的科层制[M]. 马戎,等译. 上海:学林出版社,2001:231-232.

表 3-14　是否会再次选择教师职业

	会	不会	很难说	合计
人次	142	120	223	485
百分比/%	29.3	24.7	46.0	100.0

表 3-15　是否有过改行的想法

	一直有	从未有过	偶尔有过	合计
人次	70	101	314	485
百分比/%	14.4	20.9	64.7	100.0

虽然有 24.7% 的教师认为"不会"再选择教师职业,有 14.4% 的教师表示"一直有"改行的想法,但大部分教师还是选择了坚守教师岗位。访谈中有的老师也谈道:

刚开始工作时我们(同宿舍五个人)都想跳槽,但是五年后仍安于现状。(为什么?)有的觉着社会上尔虞我诈的,还是当老师单纯点,孩子无非是调皮捣蛋点儿,(他们)还能怎么样。有的觉着五年了我把自己的这点东西都给了孩子,学校外面的社会很陌生。还有的就是越来越喜欢这个职业,越来越喜欢孩子。(对 T 老师的访谈)

老师中改行的较少,一个原因是求稳,教师职业毕竟工作有保障、收入有保障,还有两个假期;另一个原因是教师专业领域太窄,如果改行的话,别的都干不了。(对 K 老师的访谈)

从问卷和访谈的情况来看,虽然教师们有抱怨、有无奈,但是大部分教师仍然选择继续留在教师岗位,这其中可能出于对职业的认同与喜爱,也可能仅仅是为了维持一种生活的常态,总体来看教师职业还是具有一定程度的吸引力的。

四、教师在课堂中的话语观

吉尔特·霍夫斯泰德的研究发现,个体主义文化使用的语言往往要求讲话者在提到自己时用"我"来表示;而在集体主义文化中,人们经常省略"我"这个代词。集体主义文化常常避免使用第一人称"我",而个体主义文化则鼓励使用"我"。也就是说,个体主义文化鼓励个体通过关注自身,发现和表达自己独特的内在,以保持自己与众不同的个性;而集体主义文化不鼓励突出与表现个人的独特性,强调的是个体间的共性。因此,可以通过调查教师在课堂上较常使用的人称代词来考察教师在集体主义—个体主义维度上的价值取向。

对于"您上课时,使用较多的人称代词是"这一问题,6.0%的教师选择了"我",69.9%的教师选择了"我们",6.0%的教师选择了"你",17.1%的教师选择了"你们",0.5%的教师选择了"他",0.5%的教师选择了"他们"(图 3-4)。

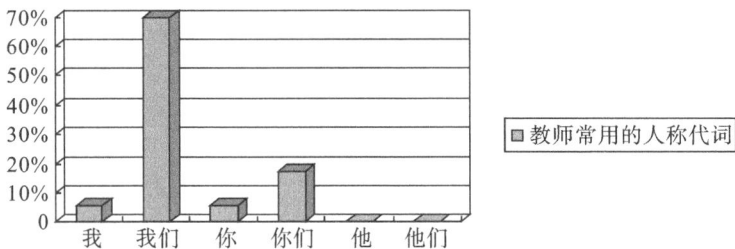

图 3-4　教师常用人称代词柱形图

调查结果显示,"我们"是"教师语言"中常用的人称指代。"我们"包括了"我"(教师)、学生、教材、教参。从知识传授的角度看,对于教师来说,"我们"或许更具权威性、客观性,更接近标准答案;从师生关系而言,或许"我们"更能拉近彼此的距离。

五、教师间的合作

对教师间合作情况的考察在于了解教师在学校组织中是"独立的个体"还是"互依的个体"。从两个方面入手:一方面通过教师对彼此间合作的评价了解教师对合作的看法,另一方面通过对学校制度的考察了解学校是鼓励教师间的合作还是提倡个人主义。

(一)教师间合作情况

对于"您与同事探讨教育教学问题的情况"这一问题,选择"经常"的教师占
46.5%,选择"较多地探讨"的教师占30.7%,选择"一般"的教师占22.0%,选择
"不探讨"的教师占0.8%;对于"教师间主动相互听课的情况"这一问题,选"好"
的教师占34.3%,选"较好"的教师占37.5%,选"一般"的教师占23.7%,选"不
好"的教师占4.5%;对于"您认为教师间存在共有的技术文化(可共享的技术与
经验)吗"这一问题,选择"有,较多"的教师占52.2%,选择"有,较少"的教师占
43.6%,选择"没有"的教师占4.2%(表3-16)。

表3-16　教师间的具体合作情况

教师与同事探讨教育教学问题的情况			教师间主动相互听课的情况			教师间是否存在共有的技术文化		
选项	人次	百分比/%	选项	人次	百分比/%	选项	人次	百分比/%
经常	214	46.5	好	165	34.3	有,较多	250	52.2
较多地探讨	141	30.7	较好	180	37.5	有,较少	209	43.6
一般	101	22.0	一般	114	23.7	没有	20	4.2
不探讨	4	0.8	不好	21	4.5	——	——	——
合计	460	100.0	合计	480	100.0	合计	479	100.0

从教师们对彼此间的交流与合作的评价情况来看,教师认为相互间的自发
合作是比较多的,而且也很自然,并不仅仅出于制度的规约,也包含了对集体荣
誉的重视。这在对教师的访谈中也能得到验证。

老师间的合作还是挺多的,比如我们一块研究出点题、找找要点什么的,讨
论啊,互相帮助啊,有集体备课,(教研组)有合作分工,而且谁有点事,代课什么
的都很多。老师之间是有竞争,但这种竞争不是恶性的,在竞争当中也有合作,
而且合作还挺多的。我发自内心地说:"我们这个集体(教研组)很和谐!"(对W

老师的访谈）

学校的考核往往是针对整个级部的,如果说学校要求上交的材料我们没有及时上交,学校会马上公布。所以为了不拖集体的后腿,不给集体丢脸,我们都会加班加点赶出来。（老师们会不会很在乎学校的表扬?）当然在乎了！不表扬本身就是批评！因为这是一个集体嘛,这是代表整个级部的工作。（如果你没做）你会感到拖了集体的后腿,如果没有做好这个工作,你会隐隐地感到不安！（对 S 老师的访谈）

(二)对教师合作制度的考察

吉尔特·霍夫斯泰德的研究认为,在集体主义文化中"管理是对群体进行的管理",而个体主义文化中"管理是对个体进行的管理"。从学校层面来看,它对教师实施的是哪一种管理模式?

从调研收集的学校考评制度来看,学校的管理是"对群体进行的管理",通过考评确保教师间的相互学习、相互交流。

听课、教研(5分)。听课(3分):完成听课任务(每学期不满 35 岁的青年教师听课不少于 30 节,其他教师听课不少于 20 节,超工作量的教师听课节数由教务处统一核定工作量后酌情减少),听课笔记完整并有过程评析、记录和课后评议的计 3 分。

教研、集备(各 2 分)。按时参与教研组、集备组活动,完成承担主备或中心发言任务的计 2 分。(选自青岛市某中学教师学期考核细则。)

听评课(2 分)。认真参加学校组织的听、评课活动,自觉学习其他教师的课堂教学,完成基本的听、评课任务,听课结束要参加评课。

评估方法:

(1)学校评议(1 分)。学校对教师的听评课及记录情况进行检查打分,听评课(学校评议)得分＝教师个人得分/教师最高得分

(2)教师互评(1 分)。随学校组织的课堂教学评估进行,同组教师对授课教师听评课情况进行检查量化打分。结束后按各组平均分及全校平均分进行修正,依据修正情况对全校教师的听评课打分排序。

听评课(教师互评)得分＝个人得分/学校最高得分

教师听评课教师得分＝听评课(学校评议)得分＋听评课(教师互评)得分

(选自某镇中学教师业务评估目标及考核办法)

从教师间的合作情况来看,不论是教师间的自发合作还是学校制度安排下的合作,教师间的合作是比较多的。

六、教师培训

上文已经谈到,培训、物质条件是组织为员工提供的东西,并以此加强员工对组织的依赖,这些特点与集体主义相匹配。因此,如果某个组织中的成员认为接受培训"比较重要",而且组织能够为员工参加培训提供保障的话,那么这个组织的文化是属于集体主义的。为此,我们就这个问题对教师进行了调查。

在调研的 485 位教师中只有 3 位表示没有参加过任何形式的培训,参加过培训的人占到了被调查人数的 99.4%。显然,无论是教师个人还是学校都非常重视各种培训,有的学校甚至将是否积极参加培训作为考核的指标之一。例如,

教师培训(1分)。自觉学习教育理论和学科业务知识,积极参加学校、上级教育主管组织的业务进修研讨、联片教研活动。

评估方法:凡学校或上级主管部门组织的业务进修研讨、区域联谊活动等无故不参加者,每次扣0.25分,扣完为止。在教研中心组织的教材疏通活动中,受到表彰的教研组组长加0.5分,成员加0.4分;受到批评的,组长扣0.5分,组员扣0.4分。在上级主管部门组织的培训中被评为优秀学员的加0.3分。

对于"接受培训的层次"这一问题,表示接受过"国家级"培训的教师占11.1%,接受过"省级"培训的教师占 39.5%,接受过"校级"培训的教师占48.7%,"没有接受过培训"的教师占 0.6%(图 3-5)。

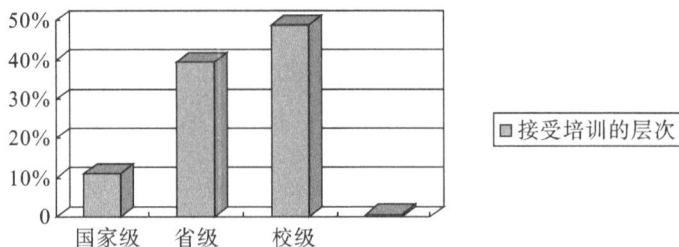

图 3-5   教师接受培训层次的情况

对于"参与培训的机构"这一问题,参加过由"非师范类高校"培训的有 40 人次,占 4.5%;参加过由"高等师范院校"培训的有 96 人次,占 10.8%;参加过由"教育学院或教师进修学校"培训的有 189 人次,占 21.3%;参加过由"专门技能培训机构"培训的有 147 人次,占 16.5%;参加过由"上级管理部门"培训的有 175 人次,占 19.7%;参加过由"本校组织"的培训的有 210 人次,占 23.6%;参加过"其他"培训的有 32 人次,占 3.6%。

对于"参加培训对您专业发展的效果"这一问题,33.1%的教师认为"非常有帮助",37.9%的教师认为"较有帮助",22.2%的教师认为"有点帮助",只有 6.8%的教师认为"没有什么帮助"。从中可以看出教师们较重视各级各类培训,并有不少收获(表 3-17)。

表 3-17   教师培训

	非常有帮助	较有帮助	有点帮助	没有什么帮助	合计
人次	156	179	105	32	472
百分比/%	33.1	37.9	22.2	6.8	100.0

对于"您对参加培训的主要动力"这一问题,32.3%的教师认为是"提升素养,提高业务能力",24.4%的教师认为可以"开阔视野,丰富阅历",27.3%的教师认为可以"解决教学实践中的问题",3.4%的教师是出于"晋升职称"的目的,2.2%的教师是出于"学历达标"的目的,2.8%的教师希望"成为学校骨干",5.8%的教师是碍于"硬性规定,不得已而为之",0.6%的教师是希望"成为领

导",1.2%的教师是为了"拓展人际关系,认识同行或专家"。从中可以看出,教师参加培训的动力主要源于"提升素养""丰富阅历",这种动力本身是一种内动力,源于教师自身的需要,这也说明教师是很看重培训的。

对教师培训情况的调研结果表明,学校从制度上鼓励与保障教师参与培训,国家与教育部门提供各种培训机会和条件,教师个人对参加培训有较强的内动力,这些都与集体主义文化价值取向相匹配。

在个体主义—集体主义维度的考察中,我们从教师的工作时间、教师的专业自主权、教师的职业流动、教师在课堂中的话语观、教师间的合作、教师培训六个方面进行了考察。考察结果是教师职业具有自由度不高、职业流动性不强、重视集体利益、鼓励"互依自我"、关注对群体的管理、重视教师培训等组织文化特点,与集体主义价值取向相匹配。

第四节　不确定性规避考察

不确定性规避指某种文化中的成员在面对不确定的或未知的情况时感到威胁的程度。这种感觉经常通过紧张感和对可预测性的需求表现出来。

吉尔特·霍夫斯泰德认为,不确定性规避和焦虑(anxiety)有密切的关系。焦虑是一个来源于心理学和精神病学的术语,它表达的是"对于可能发生的事情感到担心或不安的一种弥散状态"。焦虑与恐惧不同,恐惧是有对象的,而焦虑是没有对象的。"在恐惧中,我们知道是什么在威胁着我们,而这种情境会给予我们能量,或者以其他恰当的方式战胜危险。但是在焦虑中,我们虽然受到威胁却不知道应该采取什么措施来面对危险。焦虑是一种被'困住'、被'淹没'的感觉;而且我们的知觉会变得模糊不清或不明确,而不是变得更为敏锐。"[1]

在弱不确定性规避的文化中,人们认为不确定性是生活的常态,顺其自然地接受每一天的到来,人们的焦虑水平相对较低;在强不确定性规避的文化中,

---

① 〔美〕罗洛·梅.人的自我寻求[M].郭本禹,方红,译.北京:中国人民大学出版社,2008:24.

人们认为生活中存在的不确定性是一种持续的威胁,必须与之抗争尽力避开不确定的情况,处在这种文化中的人们总想在他们所在的组织、机构和关系中寻求一种结构,从而使事情更加清晰和可以预测。一言以蔽之,是否强烈地、迫切地寻求确定性是区别不确定性规避强弱的基准。

因此,在这个维度的考察中,我们想了解教师是否存在强烈的焦虑感和冲突感,教师是否存在对结构化的东西的强烈追求与渴望,他们是否喜欢精确的、可操作的、可控制的、可预测的东西,他们预期的家长角色是什么样的,以此来判断教师对不确定性规避的感受程度。据此,拟从教师的焦虑感或安全感状况,教师是否面临冲突与困惑,教师的教学目标观、知识技术观、教学改革观、家长角色观六个方面进行考察。

一、教师的焦虑感或安全感

对教师焦虑感或安全感状况的调查在于了解教师是否存在较大的工作压力,一般来说压力越大,焦虑感越强。

对于"您在教学生涯中有没有过不安全感或焦虑感"这一问题,36.0％的教师表示"一直有",6.5％的教师表示"从来没有",57.5％的教师表示"偶尔有"(表3-18)。

表 3-18　是否有过不安全感或焦虑感

	一直有	从来没有	偶尔有	合计
人次	162	29	258	449
百分比/％	36.0	6.5	57.5	100.0

只有6.5％的教师表示"从来没有"不安全感或焦虑感,93.5％的教师表示"偶尔有"和"一直有",这说明教师这个群体的压力较大。

教师角色中的某些东西,特别是这个角色所需承担的责任,让教师感到焦虑。责任的无边界、每天面对的教育情境的不确定性让教师产生自己能否胜任这个角色的担忧。

对于"这种感受(不安全感和焦虑感)主要来自哪里"这个问题,128人次认为来自"教学效果难以评价",占总数的13.6%;190人次认为源于"学生难管理",占20.2%;57人次认为来自"同事间的竞争",占6.1%;161人次认为源于"家长、社会期望过高",占17.1%;224人次认为源于"教学工作常被杂事打扰",占23.8%;81人次担心"自己的教学是否符合考试的要求",占8.6%;100人次对于"学生能否正确理解我的授课"心存不安,占10.6%。

从调研的结果不难看出,导致教师焦虑与不安的原因是多方面的,分别来自学生、家长、社会和教学工作本身。焦虑本身是没有对象的,对于教师而言,各种情况都会发生,只是不知道到底会发生哪种情况。正如罗洛·梅所言,"焦虑可以呈现出各种形式和强度,因为它是人类在其生存遭受危险时所做出的基本反应,是人类视为其生存同等重要的某种价值观遭遇危险时所做出的基本反应"[1]。

二、教师的冲突感与困惑感

对于"您在职业生涯中有没有感受到教师职业带来的冲突与困惑"这一问题,有26.4%的教师表示"一直有",有12.4%的教师表示"从来没有",有61.2%的教师表示"偶尔有"。从调查中了解到除了12.4%的教师表示"从来没有"之外,87.6%的教师感受到了教师职业带来的各种冲突与困惑(表3-19)。

表3-19 是否有过冲突与困惑

	一直有	从来没有	偶尔有	合计
人次	119	56	275	450
百分比/%	26.4	12.4	61.2	100.0

对于"冲突与困惑的来源"这一问题,8.6%的教师表示来自"教学经验的不足与教学复杂性的冲突",22.6%的教师认为来自"社会的高期望与教师从属地位的冲突",32.7%的教师认为来自"教学工作的繁重与学校管理中的各种要求

① 〔美〕罗洛·梅. 人的自我寻求[M]. 郭本禹,方红,译. 北京:中国人民大学出版社,2008:24.

的冲突",11.7%的教师认为源于"追求效率与培养人才的冲突",22.5%的教师认为源于"教学改革与应试教育的冲突",还有1.9%的教师认为源于"其他"（表3-20）。

表3-20　遭遇的冲突与困惑的来源

	人次	百分比/%
教学经验的不足与教学复杂性的冲突	68	8.6
社会的高期望与教师从属地位的冲突	178	22.6
教学工作的繁重与学校管理中的各种要求的冲突	257	32.7
追求效率与培养人才的冲突	92	11.7
教学改革与应试教育的冲突	177	22.5
其他	15	1.9
合计	787	100.0

　　面对焦虑感、冲突感与困惑感，教师会不会通过找寻各种结构性事物和加强对事情的掌控来减少或避开这种焦虑与冲突呢？教师存不存在对确定性事物的偏好呢？下面我们将对教师的教学目标观、教师的知识技术观、教师的教学改革观进行考察。

三、教学目标观

　　针对教学目标，我们在问卷中设计了"课堂上教师追求的目标"和"课堂上教师的主要任务"两道题，调查结果如表3-21所示。

表3-21　课堂上教师追求的目标与主要任务

课堂上教师追求的目标	人次	百分比/%	课堂上教师的主要任务	人次	百分比/%
课堂效率	308	29.2	传递知识	301	29.9
教学的完整性	150	14.2	控制课堂	102	10.1

（续表）

课堂上教师追求的目标	人次	百分比/%	课堂上教师的主要任务	人次	百分比/%
学生的听课效果	346	32.8	引导学生学习	405	40.2
与教科书的一致性	58	5.5	完成教学任务	190	18.9
知识的正确性	192	18.3	自我表现	9	0.9
合计	1054	100.0	合计	1007	100.0

从课堂上教师追求的目标来看，有 67.2% 的教师把诸如"课堂效率""教学的完整性""与教科书的一致性"及"知识的正确性"作为课堂的主要目标；而对于教师在课堂上的主要任务，有 58.9% 的教师认为是"传递知识""控制课堂""完成教学任务"。从教学目标来看，大部分教师在教学中主要追求的是确定性的东西。

四、知识技术观

教师的知识技术观，即教师对知识、技术的看法，主要考察教师是能够容忍"模糊和混乱"还是热衷于追求"精确和正规"。我们对于知识与技术各设计了两道题。

对于"作为教师，您认为下列哪些知识是最重要的？"这一问题，22.6% 的教师认为是"学科知识"，7.3% 的教师认为是"一般教学法知识"，选择"个人实践知识"的教师占 12.3%，选择"普通文化知识"的教师占 4.3%，选择"学科教学法知识"的教师占 15.9%，选择"关于学生的知识"的教师占 37.6%（表 3-22）。

表 3-22　知识观

	人次	百分比/%
学科知识	308	22.6
一般教学法知识	100	7.3
个人实践知识	168	12.3

(续表)

	人次	百分比/%
普通文化知识	59	4.3
学科教学法知识	217	15.9
关于学生的知识	511	37.6
合计	1363	100.0

其中,选择"学科知识"和"学科教学法知识"的占到了 38.5％,而这两种知识都是某种"确证的知识",即他人归纳与总结出来并得到证明的知识。而选择"个人实践知识"的只占 12.3％。"个人实践知识不仅仅是前人总结出来的、普遍适用的'原理'或'规律',而且是富有'个人特征'的,反映着教师过去的经验、现在的行为以及将来可能的表现的知识。"[①]但由于其具有鲜明的"个人性",不具有广泛性、普遍性,也因此缺乏确定性,所以大部分教师并没有充分认可这种知识。

对于"您对知识的看法"这一问题,认为"知识是客观的"有 197 人次,占 37.0％;认为"知识的正确性是绝对的、唯一的"有 76 人次,占 14.3％;认为"知识是主观的"有 33 人次,占 6.2％;"知识的正确性是相对的"有 226 人次,占 42.5％。虽然 42.5％的教师认为"知识的正确性是相对的",但在实际教学中,追求知识的确定性依然是教师的主要目标。

(在教学当中,你最看重的是什么?)知识的实效性。学生学了要致用。(你对知识的看法?)知识是客观的,像语文教学中约定俗成的知识多一些,在我们考试的范畴里,大家认可度高。知识的正确性还是以标准答案为准,以考试为准。(对 W 老师的访谈)

教师们对于技术的看法如何? 对于"作为教师,您认为技术(多媒体技术、网络技术等)的掌握和使用重要吗?"这一问题,认为"重要"的教师占 73.7％,认

---

① 叶澜,白益民,王枬,等. 教师角色与教师发展新探[M]. 北京:教育科学出版社,2001:235.

为"不重要"的教师占 5.7%，认为"一般"的教师占 20.6%；对于"您认为技术在教学中的作用"这一问题，认为"起主导作用"的教师占 12.6%，认为"起辅助作用"的教师占 86.1%，认为"不起作用"的教师占 1.3%（表 3-23）。

表 3-23　技术观

技术的掌握和使用重要吗			技术在教学中的作用		
	人次	百分比/%		人次	百分比/%
重要	350	73.7	起主导作用	60	12.6
不重要	27	5.7	起辅助作用	409	86.1
一般	98	20.6	不起作用	6	1.3
合计	475	100.0	合计	475	100.0

从调研情况来看，教师们比较重视技术在教学中的使用，认为其方便、快捷，具有可重复使用性，能够提高教学效率。

五、教学改革观

教师的教学改革观主要考察教师是"害怕模糊的情况和不常见的风险"还是"坦然面对模糊的情况和不常见的风险"。我们在调查问卷中设计了两道题。

对于"您会在教学中经常尝试新的教学方法吗"这一问题，在 479 人的作答中，选择"会"的有 286 人，占 59.7%；选择"不会"的有 33 人，占 6.9%；选择"偶尔"的有 160 人，占 33.4%。

虽然只有 6.9%的人选择"不会"，但实际上不少教师对新的教学方法与模式还是持怀疑态度的：

老师不会经常使用新的教学方法。原因很简单，怕影响学生的考试成绩。你想想看，很多老师采用的教学方法都是经过多年（考试）检验的，一旦用新的方法，学生成绩掉下来怎么办？（对 Z 老师的访谈）

需要说明的是，虽然只有 33 人选择"不会"，但仍然有 120 人对"不会"的原因进行了作答。对于"不会的原因"，认为"怕影响学生成绩"的占 32.5%，考虑

"不知效果怎样,不敢轻易尝试"的占 25.0%,"害怕承担风险"的占 5.8%,"害怕影响教学效果"的占 36.7%。"怕影响学生成绩"和"害怕影响教学效果"的人数占总数的一半以上。

六、家长角色观

教师对家长角色的预期能够反映教师对家长参与学生的管理与教学所持的态度。为了考察教师对家长角色的预期,我们共设计了两道题。

对于"您心目中理想的家长的特点"这一问题,选择"配合教师的工作"的有343 人次,占 29.0%;选择"常与教师联系"的有 203 人次,占 17.2%;选择"督促学生的学习"的有 280 人次,占 23.7%;选择"不干预教师的工作"的有 56 人次,占 4.7%;选择"理解并认可教师的工作"的有 301 人次,占 25.4%。

对于"您对家长的意见、建议(每次考试家长的评语)持什么态度"这一问题,选"非常重视,并对照完善自己的教学"的有 298 人次,占 60.7%;选择"漠不关心"的有 13 人次,占 2.6%;选择"认真阅读,但不以为然"的有 22 人次,占4.5%;选择"好的建议吸收,不认同的建议置之不理"的有 158 人次,占 32.2%(表 3-24)。

表 3-24　家长角色观

教师心目中理想的家长	人次	百分比/%	教师对家长的意见、建议的态度	人次	百分比/%
配合教师的工作	343	29.0	非常重视,并对照完善自己的教学	298	60.7
常与教师联系	203	17.2	漠不关心	13	2.6
督促学生的学习	280	23.7	认真阅读,但不以为然	22	4.5
不干预教师的工作	56	4.7	好的建议吸收,不认同的建议置之不理	158	32.2
理解并认可教师的工作	301	25.4	—	—	—
合计	1183	100.0	合计	491	100.0

从调研结果来看,选择"配合教师的工作"和"理解并认可教师的工作"的人数最多,占了一半以上;而对于家长的意见、建议"非常重视,并对照完善自己的教学"的人数占到了 60.7%。这说明教师是非常重视家长在教育过程中的作用和态度的。

在教师看来,理想的家长是什么样的?

我们要的是配合,在沟通基础上的配合。(家长)先了解孩子在家里的表现是什么,然后老师再把孩子在学校的表现告诉家长,我们再相互交流彼此的想法,在学校、家长、孩子间形成一个三方面的统一战线,但这太难了!(对 T 老师的访谈)

学校、教师与家长间形成合力,是建立在双方经常性地沟通、交流的基础上的。教师需要了解家长,甚至学生的家庭,而家长更需要信任教师。

中心校要组织朗诵比赛,我们班要代表我校参加中心校的比赛。由于刚接手这个班时间较短,我想:"这不正是促进师生、学生间情感,增强班级凝聚力的好机会吗? 全班都要参加。"于是,我与学生一起选定内容,开始了紧张的排练。由于从接到任务到比赛只有一周时间,所以朗诵词只能让学生在双休日回家背了。我对学生说:"孩子们,学校安排我们班代表学校参加比赛,说明我们班在朗诵方面较突出,有这个实力,也体现了学校对我们的信任。我们能完成这个任务吗?"孩子在我的鼓动下异口同声地回答:"能。"我又说:"下周就要比赛,时间太紧了,所以双休日必须把稿子背熟。背不熟的就不能参加比赛。有问题吗?"又是异口同声地回答:"没问题。"我心中暗喜:这帮孩子还挺积极的。

可是,周一下午排练中却有个学生给我出了个难题。刚一站队有的学生就边举着手边说:"老师,×××还不会背呢,您不是说,不会的就不能参加吗?"我一听心想:"怎么办呢? 刚接手,不能第一次集体活动就丢下一个吧,但自己说出的话又不能不算数呀!"我将目光投向了×××,他双眼死死地盯着打小报告的人,拳头握得紧紧的。一场"战争"似乎就要开始了。我赶快说:"我相信大部分同学背熟了,也可能有些同学还差一点点,我们给这些同学一次机会,相信他们在练习中会背熟的。好吗?"有的同学欣然接受了我的建议,有的不太情愿,但最后还是同意×××站到了队中。排练终于开始了,可×××似乎并不领大家的情,接下来的表现令我气愤不已。排练时,其他孩子都在专心练习,他东张西望;其他孩子站姿笔挺,他弯着腿,歪着头,甚至揪揪旁边人的衣服,捅捅旁边人的腰……为了不影响排练,我生气地说:"×××出来,别参加比赛了。"排练继续,他则在旁边抠抠这儿,摸摸那儿,一会儿站着,一会儿蹲着……我只当没看见继续排练。

　　排练完已经到了下班时间,匆匆放了学,匆匆回到家。刚忙完家务,手机响了,原来是×××的妈妈。"王老师,您不让×××参加朗诵比赛了吗?"我这才想起本来打算练完朗诵,要找他谈一谈,问问怎么回事,嘱咐他赶快背会的,一生气就给忘了。我忙解释说:"今天练习时他不好好练,我那样说只是想吓吓他让他好好练。这是班里组织的第一次集体活动,我不会丢下任何一个学生的。您告诉他机会掌握在他自己手里,只要好好练,一定能参加!"放下电话我反思自己:"今天太急躁了,要多些耐心。"之后排练,他又回到了队伍中,虽然会背了,但仍管不住自己,错误不断。就这样完成了一次次排练,顺利结束了比赛。

　　这件事似乎成了导火索,×××的表现越来越差。作业不是写得乱七八糟就是不写;上课,从来不朝前坐着,总是拧着身子冲后面不停地搞小动作,伸个懒腰,打个哈欠,全班都能知道;叫他回答问题充耳不闻,眼睛直勾勾地看着你;看到别人交完作业回家了,他则无动于衷……一次次的谈心已起不到任何作用,这使我认识到:必须与家长联起手来,我一个人的力量是不够的。

　　从负责每天接送他的爷爷、奶奶那里我了解到:×××的父母长期在外面工作,一周不能与孩子见上一面,是爷爷、奶奶一手带大他的。由于老人没有什么文化,更不懂得如何教育孩子,只能照顾他的生活起居,所以造成了他现在任性、不会与同学相处、缺乏良好的学习习惯、自理自制力差等问题。找到了问题的根源,我告诉自己对待这样的孩子要做到细心关怀、耐心教导、诚心感化。于是,面对×××的错误我不再批评、指责,而是帮他分析问题的严重性,使他从内心深处认识错误,心服口服地接受并改正。他不完成做作业,我不再是简单粗暴的一句:"补,补不完别走",而是问清原因,一点点教他怎么写;他上课时走神儿、搞小动作,我不再是"×××坐好了",而是走过去轻轻摸摸他的头……只要发现他的一点点进步我就及时表扬。我在改变做法的同时,也常与接他的爷爷、奶奶交流他的不足、优点、点滴变化,交流教育孩子的方法,指导老人如何去做。由于见不到他的父母,只好电话联系,我常提醒家长不要因为工作而忽略了孩子,无论多忙争取每周回家一次,回到家里不要只是批评、指责,多与孩子谈谈心……通过家长、学校的不断努力,×××有了较大变化,课上专心听讲的时候多了,搞小动作的时候少了;完成作业的次数多了,不写作业的次数少了;课间与同学一起游戏的现象多了,打闹的现象少了……

当今社会,像这样由于工作繁忙,年轻父母们将"独二代""寄存"或白天"托管"到父母家,孩子的教育、生活等重任都转移到爷爷、奶奶、外公、外婆身上的隔代教育现象极为普遍。家长要做到:将学会自理的机会留给孩子,一切孩子能做的事让孩子去做;多一些时间留给孩子,让孩子感受父母不同于爷爷、奶奶的爱;多一些耐心指导孩子,让孩子学会与父母交流,与家人相处,从而学会与他人交流,与他人相处。

坚信用我们的一双大手拉紧那一双双小手,用我们的情、爱、智、心与家长形成教育合力,祖国的花朵一定会更加美丽。(摘自 W 老师的教育反思)

从对教师的焦虑感或安全感的状况,教师是否面临冲突与困惑,教师的教学目标观、知识技术观、教学改革观、家长角色观六个方面进行的考察来看,强烈地寻求确定性以获得某种安全感是教师文化的典型特征,这是与强不确定性规避价值取向相匹配的。

第五节　阳刚气质—阴柔气质考察

这个维度关注的是某种文化强调"工作"还是强调"生活"。如果某种组织关注挑战、收入、认可和提升,基于个人的业绩给予奖励,那么这样的组织文化具有阳刚气质;而当某一组织关注生活质量,基于个人的需要予以奖励,那么这样的文化被称为阴柔气质的文化。"工作是为了生活"是阴柔气质的本质,而

"生活是为了工作"则是阳刚气质的核心。

据此,我们基于"工作是为了生活"还是"生活是为了工作"来对教师的工作生活观进行考察,包括以下几个方面:教师选择教师职业的动机观、教师的幸福观、教师的工作认知观。

一、选择教师职业的动机观

吉尔特·霍夫斯泰德认为,在阴柔气质的文化中,"工作的选择基于自身的兴趣";而在阳刚气质的文化中,"工作的选择基于职业机会"。因此,我们希望通过考察教师选择这一职业的动机来衡量教师文化价值的归属。

对于"您选择教师这一职业的原因是什么"这一问题,选择"父母做主"的教师占 15.6%,选择"自己的兴趣"的教师占 31.5%,选择"教师职业声望"的教师占 12.2%,选择"其他"的教师占 40.7%(表 3-25)。

表 3-25   选择教师职业的动机

	父母做主	自己的兴趣	教师职业声望	其他	合计
人次	84	170	66	219	539
百分比/%	15.6	31.5	12.2	40.7	100.0

组织对员工的奖励与评价标准能够反映一个组织的文化取向。"在阳刚气质文化中,组织强调结果,并且在公平的基础上对结果进行奖励——根据每个人的业绩给予奖励。在阴柔气质的文化中,组织更可能在平等的基础上奖励员工——根据每个人的需求给予奖励。"[①]因此,通过学校对教师的奖励制度可以衡量这个组织的文化价值取向。

某学校的"班主任嘉奖分值考评制度"

1. 所带班级学生在校外做好事而被新闻单位表扬的,学期考核每次加 1

---

① 〔荷〕吉尔特·霍夫斯泰德,格特·扬·霍夫斯泰德. 文化与组织:心理软件的力量[M]. 李原,孙健敏,译. 北京:中国人民大学出版社,2010:150.

分,感谢信送到学校的每次加 0.1 分。

2. 有德育科研课题,并在学校备案的、有一定材料的每项加 0.5 分,取得成果的加 1 分。

3. 有德育论文的,市级加 0.5 分,市级以上的加 1 分。

4. 班会公开课一次加 0.2 分,被学校评为优秀的加 0.5 分。

5. 全校班主任工作交流中做典型发言的加 0.2 分。

6. 中途接被办公会确认为差班的班主任,第一学期考核加 2 分,第二学期加 1 分,以后不再加分。

7. 中途接非起始班级的班主任,第一学期考核加 1 分,第二学期加 0.5 分,以后不再加分。

8. 所带班级代表学校参加教育局组织的艺术节、运动会等评比竞赛,获一等奖的加 1 分,二等奖的加 0.5 分,三等奖的加 0.2 分。

9. 在师德档案中有关于班主任工作表扬记录的,每条酌情加 0.2~1 分。

某学校专门设立的"特别贡献奖"

1. 为鼓励教师的专业发展,培养名师骨干,增强教师争先创优的意识,学校将设教师专业发展特别贡献奖。凡期终考试成绩"四率"①达成率均达到市规定的基础线,并有一项特色工作或教学经验在市级以上(含市级)得到推广的老师,学校直接将其确立为××市级先进教师。

2. 为学校争得资金支持,或为学校解决较大困难者,学校将视情况予以 0.5~2 分的奖励。

二、幸福观

对于"您认为当前中小学教师普遍的工作状态"这一问题,有 12.2% 的教师认为"非常积极",有 48.5% 的教师认为"比较积极",有 7.2% 的教师认为"得过且过",有 32.1% 的教师认为"被动适应"(表 3-26)。

---

① "四率"指优秀率、良好率、合格率和双优率。

表 3-26　教师的工作状态

	非常积极	比较积极	得过且过	被动适应	合计
人次	59	235	35	156	485
百分比/%	12.2	48.5	7.2	32.1	100.0

从教师对教师的工作状态的评价中发现,60.7%的教师认为自己的状态是"非常积极"和"比较积极"的。

对于"从事教师职业是否幸福"这一问题,在 475 人的作答中有 51 人认为"幸福",占总人数的 10.7%;有 35.8%的人认为"较幸福";有 40.8%的人认为"一般";有 60 人选择"不幸福",占总人数的 12.6%(图 3-6)。

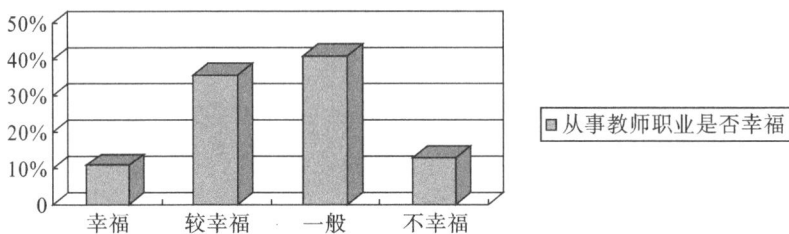

图 3-6　从事教师职业是否幸福

什么是教师的幸福？作为教师,培养出幸福的学生是教育的最高追求！我认为教师的幸福就是让学生人尽其才,教师要引领帮助学生正确地认识自我,使学生能够在适度的压力下快乐自信地生活,实现每个人不同的自我价值。(对 R 教师的访谈)

教师一天的幸福来自自己想做的工作顺利实施;教师一周的幸福来自没有外界干扰地完成本周教育教学任务;教师一月的幸福来自和其他教师的合作使得学生养成良好的行为习惯;教师一学期的幸福来自学生在自己的教育下,各项指标都有明显的进步;教师一生的幸福来自为国家培养了更多优秀的人才而不会为误人子弟抱憾终生。(对 W 教师的访谈)

在教师们看来,教师的幸福来源于学生的成就与认可。

我的一个学生小 A 是个复习生，第一年参加高考得了 639 分，是班里复习生中分较高的，性格很开朗，来到班上很快就与其他同学打成一片。无意中跟他的老班主任一打听，才知道这个孩子的确有些与众不同，极度偏爱物理，导致语文、外语和其他理科的基础知识漏洞较多，但是他意识不到这点。

连续几天，小 A 上学都迟到了。我发现每次和他一块来晚的还有一个年级成绩最差的学生小 B，两个人在路上还有说有笑，好像很熟的样子。挺奇怪，这两个孩子咋走一块了呢？一天下午上了两节课后小 A 突然找到我，要请假提前回家。我想起了这几天早上的情景就说："你不会是跟小 B 一起请假吧？"他当时一愣，说："是呀，您怎么知道的？我刚给他当家教，一天挣 5 元钱，等我挣多了请您吃饭。"我说："饭就免了。正好咱们要进行物理竞赛辅导，我给你两套题，你先做，做完找我对答案，然后由你来辅导同学们。同学们如果认为你讲的效果好的话，我请你吃肯德基，绝对比你 5 元钱的家教费高。"说的时候，我心里暗想：这个孩子是不是家庭困难呀？高三都到最要紧的时候了，迟到不说，没准又要瞎闹一年。但对于他和小 B 交往的事，我没有再说什么，他高兴地把卷子拿走了。

很快他就把两套卷子做完了。老师做着都费劲的竞赛题他竟然做得这么快、准确率也高，果然不一般。我让他做了三次竞赛辅导，效果比我讲的还要好，以至于有的学生在班级日记中写道："像小 A 这么聪明的学生考不上清华真是不可思议。"讲完最后一次，我如约请他吃了肯德基。聊天时知道，他家平时只有他一个人，父母都在农场养鸵鸟，基本上不回家。他帮小 B 辅导有时就住在小 B 家，他和小 B 一起迟到的谜解开了。他说："我挺招人烦的，去年我的班主任恨不得把我从四楼扔下去。"为此，我专门找到年级主任说明了他的情况，希望学校帮助他办理住宿并根据他的家庭情况适当减免住宿费，使他能够专心致志地学习。学校了解情况后立刻特批了他的住宿申请并减免了住宿费，他的家教生涯由此被我"断送"，一门心思在学校补起了"瘸腿"科目。后来我又找到他，讲明他现在急需解决的问题就是高考，并且希望他能够把眼光放长远些，能够选择适合自己的学校和专业。他虽然竞赛成绩很好，但基础知识不扎实，上课还不愿跟着老师走，虽然别人不会的难题他会做，但简单题他却容易失误，而高考题与竞赛题相差很大,这样,他会吃亏。针对他上课爱干"私活"的毛病,我把他的座位安排在了第一排,但在老师眼皮底下,他的听讲也没好多少。我就特意为他备了一次课,题不难,但引申得多,一问接一问,都是平时爱出问题的地方,想他会在第几问卡壳,不放心又多加了好几问。由于有备而来,一下击中,他在基础问题上败下阵来。当时我还真有点胜利的感觉,心想:"这下他终于可以老实地听物理课了。"事实也是如此,他变得踏实多了。几次考试中他都名列前茅。高考时他高分考上了北京师范大学的数学系,本科毕业时又被保送为北师大的研究生,他来看我时对我说,"老师,高三这一年您对我的影响是一辈子的,我成功时一定会再来看您。"

爱,是可以传递的,每当看到学生考入期望的院校,我就深深地感到,虽然我们经历着别人未曾体会的辛苦,但我们也体会着别人未曾体会的幸福。(摘自 R 老师的教育反思)

幸福是人生的终极追求,是一切生活价值的核心体现。正如费尔巴哈所言:"一切有生命和爱的生物、一切生存着的和希望生存的生物之最基本的和最原始的活动就是对幸福的追求。人也同其他有感觉的生物一样,他所进行的任何一种意志活动,他的任何一种追求也都是对幸福的追求。"[1]幸福与快乐、需要、欲望、意义密切相关。幸福是人生中最重要的追求之一,是长久或巨大的快乐,是对一生具有重要意义与价值的需要、欲望、目的得到实现的心理体验,是获得了对于一生具有重大意义与价值的利益的信号和代表,意味着机体满足了重大的需要和欲望。

三、工作认知观

对于"作为教师,您最大的幸福感或成就感来自"这一问题,选择"学生的认同"的占 39.6%,选择"社会的认同"的占 23.8%,选择"领导、同事的认同"的占 17.3%,选择"自我认同"的占 19.3%(表 3-27)。

---

① 唐凯麟. 西方伦理学名著提要[M]. 南昌:江西人民出版社,2000:292.

表 3-27　对幸福感或成就感来源的评价

	学生的认同	社会的认同	领导、同事的认同	自我认同	合计
人次	368	221	161	180	930
百分比/%	39.6	23.8	17.3	19.3	100.0

选择"自我认同"的占 19.3%，而选择"他人认同"的占到了 80.7%，这意味着在绝大多数教师看来"他人认同"重于"自我认同"。

什么是幸福感？幸福感就是每年教师节时，那些毕了业的孩子来看你谈到所取得成就的时候你的感觉，在当下就是孩子取得成绩的时候觉得挺有收获的。因为教师还有专业态度，（对于孩子）不光强调做人，还有专业知识。当你强调一些东西，孩子能落实了，孩子各方面的能力提升了，那个时候感觉真的挺幸福的。教师的幸福感来自学生。因为作为教师，你最大的价值体现就是学生。（对 S 教师的访谈）

在阳刚气质—阴柔气质维度的考察中，我们考察了教师的职业动机观、幸福观、工作认知观，发现对于教师来说工作是生活的中心，教师文化具有一定的阳刚气质文化的特性。

第六节　长期导向—短期导向考察

吉尔特·霍夫斯泰德认为，长期导向意味着培育和鼓励以追求未来回报为导向的品德——尤其是坚韧和节俭，而短期导向意味着培育和鼓励关于过去与当前的品德——尤其是尊重传统、维护面子以及履行社会义务。长期导向被解读为一种文化对美德的探求，短期导向则是对权利的追求。"基于美德"还是"基于权利"是区分两者的基准。

根据吉尔特·霍夫斯泰德归纳出的长期导向与短期导向之间的主要差异，我们从教师的师德观、教师的工作价值观两个方面对教师文化在长期导向—短期导向维度上的取向,即教师的道德责任观进行考察。

一、师德观

长期导向价值观的行动原则是"基于美德",而短期导向价值观的出发点是"基于权利";短期导向"重面子",长期导向"知廉耻"。因此,可以通过考察教师的师德观来判断教师是否将师德作为自己一切行为的出发点,以此来判定教师文化的价值取向。

对于"您对教师职业道德规范要求是否了解"这一问题,41.0%的教师表示"非常了解",53.6%的教师表示"比较了解",5.4%的教师表示"不清楚"(表3-28)。

表3-28 对职业道德规范要求的了解情况

	非常了解	比较了解	不清楚	合计
人次	196	256	26	478
百分比/%	41.0	53.6	5.4	100.0

对于"您在日常的教学活动中,对自己的教学行为进行道德反思吗"这一问题,58.1%的教师表示"经常会",35.7%的教师表示"有时会",5.8%的教师表示"很少",0.4%的教师表示"没有过"(表3-29)。

表3-29 是否进行道德反思

	经常会	有时会	很少	没有过	合计
人次	282	173	28	2	485
百分比/%	58.1	35.7	5.8	0.4	100.0

对自己的教学行为进行道德反思,意味着从道德的角度去衡量与审视自己的教学行为,用教师的职业道德准则评价自己的行为是否符合职业规范。有一半以上的教师表示"经常会",这表明对于大部分教师来说,职业道德规范不仅融入他们的教学,成为教学中不可分割的一部分,而且融入了他们的职业生涯,

成为生命中的一部分。

　　对于"您对教师首先是一个道德从业者的看法"这一问题,在 484 人的作答中,有 213 人表示"非常同意",占 44.0%;有 218 人表示"同意",占 45.0%;有 40 人表示"不确定",占 8.3%;有 9 人表示"不同意",占 1.9%;有 4 人表示"非常不同意",占 0.8%。

　　对于"您对教师的言行对学生来说具有很强的示范作用的看法是"这一问题,在 484 人的作答中,有 192 人表示"非常同意",占 39.7%;有 227 人表示"同意",占 46.9%;有 44 人表示"不确定",占 9.1%;有 16 人表示"不同意",占 3.3%;有 5 人表示"非常不同意",占 0.1%(图 3-7)。

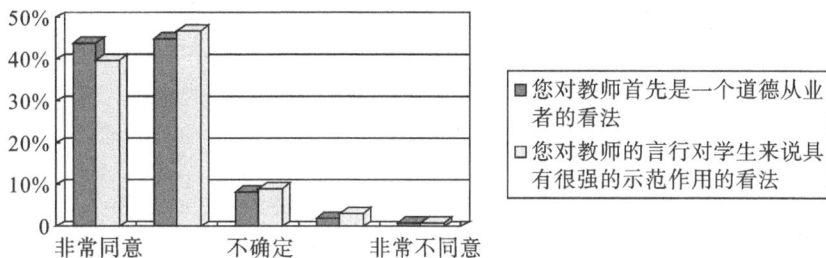

图 3-7　师德观

　　教师是一项特殊的职业。教师面对的是一个身心在不断发展变化、不断成长的群体。教师首先是一个"道德人",然后才是教师。绝大部分教师是认同这一观点的,认可"教师首先是一个道德从业者"的占 89.0%,认同"教师的言行对学生来说具有很强的示范作用"的占 86.6%。这说明在绝大多数教师看来,道德是自己一切行为的出发点与落脚点。那么教师看重哪些道德品质呢?

　　对于"下列教师品质中哪个是最重要的"这个问题,有 40 人次选择"严格要求",占 5.7%;有 286 人次选择"爱心",占 40.5%;有 144 人次认为是"尊重信任",占 20.4%;有 82 人次认为是"理解宽容",占 11.6%;有 52 人次选择"公正",占 7.4%;有 36 人次选择"民主",占 5.1%;有 40 人次选择"平等",占 5.7%;有 26 人次选择"信守诺言",占 3.6%。

　　40.5%的教师把"爱心"放在了首位,这与对教师的访谈结果是一致的:

（你认为用什么作为参考评价教师比较中肯一些？）我认为应该把师德放在首位。还是要热爱学生，包括负责任。不管你愿不愿意承认，努力工作本身就是一种负责任的表现。就像爱国一样，可能你不会整天在嘴上说我如何如何爱国，但你的行动本身就说明你是爱国的。爱学生也是一样的，不见得整天说你是爱学生的，但你的行动本身就能说明一切。（对 S 老师的访谈）

一些教师在教育反思中也体现了师爱的重要性：

师爱是教师与学生的情感纽带，它在教师与学生间架起一座情感的桥梁、信任的桥梁。学生体会到教师的爱，他会在心理上与教师更亲近，心悦诚服地接受教师的教育，包括教师讲授的科学知识、为人处事之道，以及教师给予的表扬和批评。教师爱学生，自然会赢得学生的好感，得到家长的好评，教师与家长便有了共同探讨学生教育方案的心理基础，教师不再是孤军奋战。过去，我的认识没有这么深刻。

×××是我所教班级里的一个后进生。上课时他经常摆弄东西，做小动作，从来不完成家庭作业，经常被老师批评，我也是讨厌他的众多老师中的一个。一次因为家庭作业没完成，他又被我找来。

"为什么不完成家庭作业？"

他只是沉默不语。

接着我又追问一句："为什么不完成家庭作业？"

"不为什么！"

"不完成作业，应该有理由呀？"

"就想玩！"

一番舌战之后，他的头转向了一边，低着头看着地，看也不看我一眼。我的愤怒像被风吹的火苗，一下就上来了，我使劲抑制住，直视着他，心里厌烦极了！停顿了许久，才说："你走吧。"

有一天上美术课，由于要到班上说点事，我提前到班上，看到同学们正在展示用药盒做的火车、船等。学生表现很踊跃，我很满意。可是眼睛一转，我突然发现坐在后面的他眼睛特别亮，溢出一种急于表现的神情来，他是在认真听课吗？为什么他却在座位上扭来扭去？这少有的认真让我疑惑和吃惊。

突然，我睁大了眼睛，当老师宣布让同学们展示自己的"作品"时，他竟然从抽屉里小心翼翼地拿出一只用泡沫塑料做的船（其他人做的与他做的没法比）！看得出那是用了很多心思、花了很长时间认真做的。我张大嘴巴正吃惊时别的同学已经开始纷纷上台展示自己的杰作。我凝视着他——他想去，几次起来又坐下，犹豫不决……

不知怎么，一股内疚的潮水将我全身包围，我沉浸在这潮水中，眼睛竟有些湿润了。这就是各科老师经常训斥的他吗？这就是我此刻之前很厌恶的学生吗？此时看来，他是如此可爱，如此上进！如此地想让别人重视自己！心灵的琴弦闪电般被拨动得如暴风骤雨，可似乎被一只无形的手摁住了表达智慧的欲望！我再次凝视他，心里顿生不安的愧疚！终于，我情不自禁地轻轻地在窗外叫他："上去吧！"我轻声说，他回头看我，涨红了的小脸羞涩地笑了。看着他手捧那只泡沫船走上讲台，我长长地舒了一口气，心中升腾一股幸福而舒坦的感觉。

从那以后，他表现得越来越好。

或许他以前是老师眼中的后进生；或许他以前是一个行为有些顽劣、让老师头疼、让家长伤心的孩子，不能规范自己的言行，不能约束自己的鲁莽；或许他在学习方面有困难，可是老师们是否想过，让他在其他方面获得进步，在一些活动中，让他展示自己的特长，从而促进学习的进步？我们衡量一个学生的好坏，不要光盯着孩子的学习成绩，应用多把尺子来量。

我常常想："教育是什么？"如今，我似乎对此有了更多的理解：教育既是阳光雨露中的成长，也是心底要抹去的阴影；教育是培育你欣赏的伟岸，也是孕育你珍视的平凡；教育是经常奋力地引领，也是偶尔不经意的鼓励；教育就是心灵的感动、思想的震撼，就是黑暗中的一颗小星星……

"没有爱，就没有教育。"教师应该把整个身心献给学生，而且要坚持一视同仁，将师爱均匀地洒向每一个学生。享受教师的爱是每个学生的需要，也是每个学生的权利，这是他们得以健康成长的阳光、空气和水。教师对任何学生都不能忽略，应把爱心给予每一个学生，一个也不能少。（摘自R老师的教育反思）

学校在制度上进一步明确了师德的重要地位,各校都把师德作为教师考评的指标之一,从制度上保证教师的一切行为以师德为出发点与落脚点。

例如,某校《教师学期考核实施细则》中规定师德占 20 分(考核总分为 100 分)。

1. 热爱学生,依法执教(10 分)

(1)关心热爱全体学生,保护学生的合法权益,平等公正地对待学生,尊重学生的人格。(5 分)

①大声呵斥学生(不同于严厉批评、教育),使用教师忌语,经调查核实每次扣 1 分。

②讽刺挖苦、不尊重学生人格的,每人次扣 1 分。

③不按上级和学校规定工作,有轻微违规行为的,每次扣 1 分。

(2)严格要求,耐心教育学生,洞察学生的心理,遵循教育规律,实施正确的教育方法。(5 分)

①违规停课、批评学生的,视停课时间的长短每次扣 1~2 分。

②上课期间以任何理由给学生停课或将学生撵出课堂的,每人次扣 1 分。

③布置惩罚性作业,给学生增加过重的课业负担、心理负担的,每次酌情扣 1~2 分。

④午间加课影响学生休息的,每次扣 1 分。

2. 为人师表,严于律己,言行堪称学生表率(5 分)

(1)语言低级庸俗,有失教师身份的,每次扣 2 分。

(2)校内着装、化妆、仪表不符合教师身份的,每次扣 2 分。

(3)行为不文明,随地吐痰、乱扔杂物、在教室和集会时吸烟的,每次扣 2 分。

(4)有违背社会公德行为的,每次扣 5 分。

(5)参加社会迷信活动、酗酒、赌博等造成不良影响的,每次扣 5 分。

3. 尊重家长,廉洁从教(5 分)

(1)对家长缺乏礼貌和尊重,使用侮辱性语言或训斥家长造成不良后果的,每次酌情扣 2~5 分;与学生家长发生正面冲突,处理方法不当,造成消极影响的,每次扣 5 分。

（2）向家长索要财物，强迫家长为自己办私事的，情节较轻的，每次扣5分。

（3）违反教育局及学校的规定乱购、乱印复习资料的，每次扣5分。

为了考察教师是看重"面子"还是"廉耻"，我们设计了这样一道题："当您在处理问题时错怪了学生，您一般会"，有72.3%的教师选择"坦率地向学生道歉，承认自己的错误，并采取一些补救措施"，有25.7%的教师选择"会在事后找机会委婉地承认自己的失误"，有1.8%的教师选择"即使认识到自己的失误，也不会在学生面前承认"，有0.2%的教师选择"不会承认自己的失误，会找各种理由为自己开脱"（表3-30）。

表3-30　当教师错怪了学生时的选择

	人次	百分比/%
坦率地向学生道歉，承认自己的错误，并采取一些补救措施	358	72.3
会在事后找机会委婉地承认自己的失误	127	25.7
即使认识到自己的失误，也不会在学生面前承认	9	1.8
不会承认自己的失误，会找各种理由为自己开脱	1	0.2
合计	495	100.0

从这道题的统计结果来看，选择"坦率地向学生道歉，承认自己的错误，并采取一些补救措施"的人占了绝大多数（72.3%）。"面子"固然重要，但和"廉耻"相比，后者更为重要，这是大部分教师的选择。

教师的教育反思也凸显了教师面对学生"有错必改"的教育行为。

在现实生活中，正视缺点，承认错误，本该是一件再平常不过的事情。然而在教师教学过程中，教师在学生面前总是高高在上，顾及着自己的面子。真诚地对学生说一声"对不起"并不总是那么自然，有时还显得颇为艰涩。在我的从教生涯中，曾有这样一件往事。

由于学校教学条件的限制，学生的实验课很难开齐，学生能上实验课，锻炼实验技能，培养观察能力、小组团结合作能力，是一个难得的机会，我觉得每位学生都应该珍惜这样的机会。然而,在一次生物实验课上,一位学生向我告状,说他的同桌赵××趴在桌上不配合他一起做实验。我闻之义愤填膺。在我的印象里,这个赵××本不是一个守规矩的孩子。鉴于他平时的表现,我当即判断:因为是下午第一节课,他肯定是借故在睡觉。于是,我一脸怒气地来到他面前,劈头盖脸地一通狠批。赵××先是瞪着惊恐的两眼,继而轻声地嘀咕了几句。当时我正在气头上,也没听清他说的话,心想:"上课睡觉不老实认错,还跟我狡辩,这还了得?"我又加重了语气:"难道老师还会冤枉你吗?"出乎意料的是,倔强的赵××掉下了眼泪,并大声地跟我说:"我生病了,不信你可以去调查呀。"这时,我内心不禁生疑:"莫非他真生病了?难道真是冤枉他了?"转念于此,我意识到自己未免太武断,在下结论之前确实是应该做一番调查的。于是我又找其他几位知情的学生做了核实,结果证实他并没有撒谎。

白天发生的事,晚上让我辗转反侧,经过一晚的反复的思想斗争,我终于做出决定:在第二天生物课时,我当着全体学生的面向赵××承认自己的过失。我诚恳地说:"对不起,赵××同学。请原谅老师在昨天实验课上的冲动,老师不知道你生病了。你生病了,身体不舒服,老师没能关心你,反而训斥了你,是老师的失职,请你原谅老师的过错,好吗?以后身体不好可要及时医治,身体健康,才能好好学习。同时我也希望大家引以为戒,凡事不可不调查清楚就轻率地下结论。"话音刚落,台下响起了热烈的掌声。尤其是赵××,显得格外激动,向我投以钦佩的目光。事后,他主动向我承认以前上生物实验课的确不认真,并表示今后上课一定认真,也要像老师那样,知错就改,做一个正直、勤奋的好学生。

人都是会犯错误的。犯错误本身并不可怕,可怕的是失去了正视错误、承认错误的勇气;可怕的是为了维护自身的脸面,将错就错,黑白颠倒。身为教师,这是万万要不得的。只有当教师充分尊重学生的人格和个性时,以无微不至的关怀打动学生时,其高尚的品德、出色的教育和真诚的情感才能赢得学生的爱和敬意,教师的尊严丰碑才能在学生的心中树立起来。(摘自 L 老师的教育反思)

二、工作价值观

短期导向的工作价值观包括自由、权利、成就和为自己考虑,长期导向的工作价值观包括好学、诚实、适应性、责任感和自律。前者重视社会和身份赋予的责任,而后者愿意为最终目标奉献自己。因此,可通过对教师的责任意识、奉献意识的考察来判断教师的价值取向。

(一)教师的责任意识

教师的教学反思贯穿于教学活动的全过程,反映了教师对教学活动及其背后的理论进行的深入思考,是教师教学认知活动的重要组成部分。"教学反思是指教师为了实现有效教学,在教师教学反思倾向的支持下,对已经发生或正在发生的教学活动,以及这些教学活动背后的理论、假设进行积极、持续、周密、深入、自我调节性的思考,在思考过程中,能够发现、清晰表征所遇到的教学问题,并积极寻求多种方法来解决问题的过程。"[①]教学反思不仅体现了教师对教学的认知加工,包含了智力加工,还包含了教师的教学责任感、教学情感与教学态度。因此,对教师教学反思的考察能够反映教师的工作责任感(表 3-31)。

表 3-31　对教学反思的自我评价

	从不反思	很少反思	有时反思	经常反思	合计
人次	15	32	142	296	485
百分比/%	3.1	6.6	29.3	61.0	100.0

从表 3-31 可知,教师对教学反思的自我评价较高,"有时反思"和"经常反思"的达到了 90.3%。可见,绝大部分教师对待工作认真负责,并具有较强的责任感。

对于反思的方式,有 7.0% 的教师"写教学日记",3.3% 的教师"做教学档案袋",6.8% 的教师"观摩教学录像",17.2% 的教师"整理教案",11.2% 的教师"对

---

①　申继亮. 教学反思与行动研究[M]. 北京:北京师范大学出版社,2006:72.

比优秀教案范例",20.3％的教师通过"与学生沟通获得反馈",22.6％的教师通过"教师间讨论",11.6％的教师"听取同行或专家建议"。教师进行教学反思的方式是多种多样的,从调研来看,教师主要通过"与学生沟通获得反馈""教师间讨论"和"整理教案"等方式进行教学反思,其中"与学生沟通获得反馈"的人是最多的,这说明教师较注重听取学生的感受与反应,对学生抱着负责、认真的态度。

(二)教师的奉献意识

任何工作都需要奉献意识和奉献精神,教师工作也不例外,而且教师工作还存在特殊性,如工作对象的复杂性、工作过程的个体性、工作结果的难以评价性。特别是在教师的付出与教师的所得不成正比的情况下,对于教师来说,要真正成为一名合格的教师,是需要奉献精神的。当然,奉献绝非无条件、无原则地自我牺牲,而是一种不计较个人得失、舍弃小我、注重大我的工作态度,对待学生倾其全力教育、培养和关爱,使其健康成长。那么,教师们对教育事业需要奉献精神是如何看待的呢?

对于"您对教育事业需要一定的奉献精神的看法是"这一问题,在485人的作答中,有140人选择"非常同意",占28.9％;有256人选择"同意",占52.8％;有55人选择"不确定",占11.3％;有30人选择"不同意",占6.2％;有4人选择"非常不同意",占0.8％。

对于"您对教师职业就是一种谋生手段的看法是"这一问题,在485人的作答中,有67人选择"非常同意",占13.8％;有193人选择"同意",占39.8％;有92人选择"不确定",占19.0％;有121人选择"不同意",占24.9％;有12人选择"非常不同意",占2.5％(图3-8)。

虽然只有不到30％的人不认同"教师职业就是一种谋生手段"这一问题,但绝大部分教师(81.7％)认同"教育事业需要一定的奉献精神"。他们当中的一些人甚至把"奉献精神"当作一种专业精神在教育过程中体现出来,这体现在教师对于自我形象的定位中。

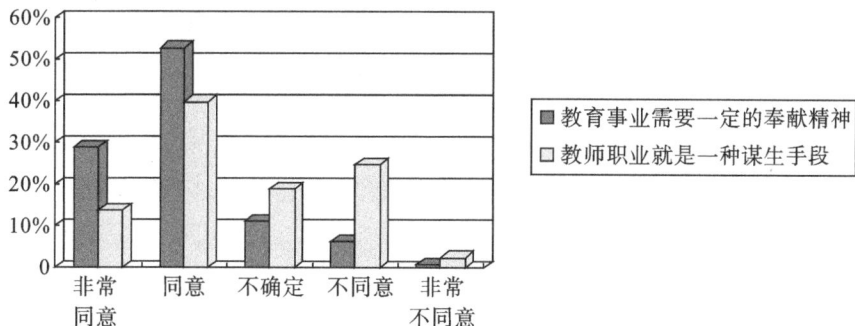

图 3-8 职业观

对于"您认为教师的形象是"这一问题,选择"道德人"的教师占 34.8%,选择"春蚕、红烛"的教师占 14.9%,选择"经济人"的教师占 1.6%,选择"知识分子"的教师占 14.8%,选择"教书匠"的教师占 15.2%,选择"文化人"的教师占 13.7%,选择"其他"的教师占 5.0%(表 3-32)。

表 3-32 对自我形象的评价

教师的形象	人次	百分比/%
道德人	256	34.8
春蚕、红烛	110	14.9
"经济人"	12	1.6
知识分子	109	14.8
教书匠	112	15.2
文化人	101	13.7
其他	36	5.0
合计	736	100.0

选择"道德人"和"春蚕、红烛"人的占了总数的近一半,这表明在大部分教师看来,教师职业本身意味着自律、责任与奉献。

教师面对的是不断变化的群体。教师在学生的发展中起到了不可替代的

作用,教师的作用是其他人无法取代的。(教师)虽然不像春蚕那么崇高,但确实牺牲了很多。(对 W 老师的访谈)

通过对教师的师德观、工作价值观两个方面的考察可见,师德是教师全部工作的出发点和落脚点,在教师看来"面子"固然重要,但和"廉耻"相比,后者更为重要;教师职业本身意味着自律、责任与奉献。因此,教师文化具有鲜明的长期导向。

综上所述,通过从权力距离、集体主义—个体主义、不确定性规避、阳刚气质—阴柔气质和长期导向—短期导向五个维度对教师的师生观、教师与管理者的关系、教师在学校中的地位、教师对学校管理的评价、教师的工作时间、教师的专业权利、教师的职业流动、教师在课堂中的话语、教师的合作、教师的培训、教师的焦虑感或安全感、教师的冲突感与困惑感、教师的教学目标观、教师的知识技术观、教师的教学改革观、教师的家长角色观、教师选择职业的动机观、教师的幸福观、教师的工作认知观、教师的师德观、教师的工作价值观进行考察,发现教师文化具有一定的高权力距离、集体主义、强不确定性规避、阳刚气质和长期导向的价值取向。

第四章　教师文化现状解析

通过访谈、问卷调查、对教师的教育反思的分析及对学校制度的考察,可以发现,教师文化具有高权力距离、集体主义、强不确定性规避、阳刚气质和长期导向的价值取向。这些价值取向中蕴含着诸多积极的方面,比如,教师树立了正确的师德观,有强烈的责任感和奉献意识,教师与教师、教师与学生、教师与家长之间有着较为融洽的人际关系,这些都是教师文化中积极、合理的因素。但同时,这些价值取向也会带来一些消极影响。因此,需要对教师文化价值取向形成的缘由及可能带来的影响进行分析。

第一节　教师文化成因

教师文化高权力距离、集体主义、强不确定性规避、阳刚气质和长期导向的价值取向的成因是多方面的,包括中国传统师道文化、政府相关政策的制定及落实、学校管理及教师职业的特质等多方面的因素。

一、中国传统师道文化的深远影响

中国传统师道文化在数千年绵延不息的历史进程中对当代教师文化产生了深远影响,体现在以德立师的师德文化传统及"成人""育人"的价值追求上。

(一)以德立师的师德文化传统

传统师德的论述可以从古人对圣人的描述中体现出来。圣人,是指品德最高尚、智慧最高超的人物。从先秦时期,圣人就成为人们追求的理想人格。一方面,圣人是一种理想人格——圣人是道的载体,是天下的最高智慧者。在孔子看来,圣人是智慧、淡泊、勇敢与才艺的统一体,"若臧武仲之知,公绰之不欲,卞庄子之勇,冉求之艺,文之以礼乐,亦可以为成人矣"(《论语·宪问第十四》)。君子之道、圣人之道在于集知识与道德于一身,"博学于文,约之以礼,亦可以弗畔矣夫"(《论语·颜渊第十二》)。孟子从性善论出发,认为仁、义、礼、智是人的四大善端,只要发扬这四大善端,就能除去私弊,成为圣人。孟子从人伦层面为圣人命名,赋予圣人以道德内涵,"规矩,方员之至也;圣人,人伦之至也"(《孟子·离娄上》)。他认为圣人达到了尽善尽美的最高境界,因此虽然圣人与民众是同类,但高出他的同类,超出他的群体,"圣人之与民,亦类也,出乎其类,拔乎其萃"(《孟子·公孙丑上》)。孟子认为圣人是超出同类的,圣人其实就是神,"可欲之谓善,有诸己之谓信,充实之谓美,充实而有光辉之谓大,大而化之之谓圣,圣而不可知之之谓神"(《孟子·尽心下》)。圣人是无从为外人所知晓的,高深莫测,是神。孔孟不仅将培养圣贤之人作为教育的目标,他们自身就把圣贤形象发挥到极致。张载评价孔子"仲尼犹天"。

另一方面,圣人是教人在日常生活中学会生活的人。韩愈认为,在远古时期,自然条件十分恶劣,那些教人在日常生活中战胜自然的人,成为众人心目中的领袖和圣贤,没有他们的出现,人类可能早就消亡了。在《原道》中,他阐述了教师的性质,"古之时,人之害多矣。有圣人者立,然后教之以相生相养之道。为之君,为之师"。陆九渊也认为"圣人教人,只是就人日用处开端"(《象山语录下》)。圣人是教人学会生活的人。

儒家在倡导对圣贤的追求中,对教师的师德提出了具体要求。孟子曾依据《尚书·泰誓》"天佑下民,作之君,作之师"的说法,将君师并列,第一次将教师提到了前所未有的地位。荀况在此基础上进而把师提到与天地、祖宗并列的地位,他说:"天地者,生之本也;先祖者,类之本也;君师者,治之本也。无天地恶生?无先祖恶出?无君师恶治?"(《荀子·礼论》)将教师视为治国之本,所以师法是使礼义转化为个人品质的捷径,"人无师法而知,则必为盗……人有师有法而知,则速通……"(《荀子·儒效》)。孔子在对圣人思想阐述的基础上,提出了以"忠、孝、诚、信、礼、义、廉、耻"为主要内容的师德思想。荀子在提升教师地位的基础上也提出了"为师"的要求："尊严而惮，可以为师；耆艾而信，可以为师；诵说而不陵不犯，可以为师；知微而论，可以为师。"（《荀子·致士》）汉代扬雄则对教师的言行进行了概括："师者，人之模范也。"（《法言·学行》）意指教师要在德行、言行与才学上成为楷模，教导受教育者成人、成才，即我们通常所说的学高为师、身正为范。

以德立师的师德文化传统阐释了师德是教师之所以为人师者的根本，教师只有在修身立德上以身作则、率身垂范，才能教育引领学生。这也成为当代教师文化重视师德、师风、师爱的源头活水。

（二）"成人""育人"的价值追求

在古人看来，"成人""育人"重于"成才"。教师的首要职责在于培养学生的道德品格和人格修养。古人对人师的阐述可以展现出他们对教师所赋予的期许。《礼记·学记》说："君子既知教之所由兴，又知教之所由废，然后可以为人师也。"又说："记问之学，不足以为人师。"仅仅依靠背诵他人的东西，难以成为教师，言下之意，教师应当具备渊博的知识、高尚的品德。《师氏》中曾规定教师的责任是教"三德""三行"。"以三德教国子。一曰至德以为道本，二曰敏德以为行本，三曰孝德以知逆恶。教三行，一曰孝行以亲父母，二曰友行以尊贤良，三曰顺行以事师长。"对父母要孝顺，对贤良的人要尊敬，对师长要顺从，教师不仅要教别人去做，自己更应以身作则。荀子从教师对国家治理的重要性的角度阐述了人师的重要价值，"近者歌讴而乐之，远者竭蹶而趋之，四海之内若一家，通达之属莫不从服。夫是之谓人师"（《荀子·儒效》）。在荀子看来，人师应当以德行服众，善于运用礼节辅佐君王，实现政治理想。《韩诗外传》卷五说："智如泉源，行可以为表仪者，人师也。"韩婴所说的"人师"是拥有像源泉一样永不枯竭的智慧、在言行上堪为表率的人。《易·蒙》中说："蒙以养正，圣功也"，强调在孩童年幼时期就要重视对他们道行的培养，这样他们将来才可能成为圣人。欧阳修评价胡瑗说："先生为人师，言行而身化之，使诚明者达，昏愚者励，而顽傲者革。"（《欧阳文忠集·胡安定墓表》）教师应当具有至诚之心和完美的品德，这样才能达到育人的目的。清代章学诚说："盖有可易之师与不可易之师，其相去也，不可同日语矣。"（《文史通义·师说》）将老师分为"可易之师"与

"不可易之师",提出教师应成为学生在道德、学问上的引路人。

教师既要有学问、懂言传,又要有修养、会身教,以"成人""育人"为根本追求。中国传统师道文化中的精华成分是当代教师文化弥足珍贵的生长资源。

二、政府政策及其落实成效等因素的影响

政府出台的政策及落实的成效等因素在一定程度上也会对教师文化产生影响。

(一)教师队伍建设政策的影响

从政府的教育、教师政策来看,政府长期以来对教师队伍的建设、地位与待遇、教师职业的公共属性比较重视与关注。例如,1985 年 9 月 10 日设置了教师节;1993 年 10 月 31 日通过了《中华人民共和国教师法》;2007 年出台了"师范生免费教育政策";2015 年 6 月国务院办公厅印发的《乡村教师支持计划(2015—2020 年)》文件提出,"要提高地位待遇,不断改善乡村教师的生活条件";2018 年 1 月中共中央、国务院颁布的《关于全面深化新时代教师队伍建设改革的意见》(以下简称《意见》),是中华人民共和国成立以后党中央出台的第一个专门面向教师队伍建设的政策性文件,提出了加强师德师风、振兴教师教育、深化综合改革、提高地位待遇和确保政策落地五大改革举措。这些政策、制度的出台对教师文化产生了积极的影响,体现在以下方面。

一是重视师德建设。师德是教师队伍建设的灵魂。《意见》要求:"把提高教师思想政治素质和职业道德水平摆在首要位置。强调全员全方位全过程师德养成,广大教师必须成为先进思想文化的传播者、党执政的坚定支持者、学生健康成长的指导者。"2010 年 7 月教育部颁布的《国家中长期教育改革和发展规划纲要(2010—2020 年)》也提出要"加强教师职业理想和职业道德教育,增强广大教师教书育人的责任感和使命感。教师要关爱学生,严谨笃学,淡泊名利,自尊自律,以人格魅力和学识魅力教育感染学生,做学生健康成长的指导者和引路人。将师德表现作为教师考核、聘任(聘用)和评价的首要内容"。这些政策文本对师德师风的重视对于教师文化产生了重要的引领与导向作用。

二是提高教师地位和待遇。《国家中长期教育改革和发展规划纲要

（2010—2020 年）》明确提出要"提高教师地位待遇。不断改善教师的工作、学习和生活条件，吸引优秀人才长期从教、终身从教。依法保证教师平均工资水平不低于或者高于国家公务员的平均工资水平，并逐步提高。落实教师绩效工资"。职称关系教师的切身利益，一直是我国调动广大教师积极性、促进教师专业发展、合理配置教师资源的基础性制度。一项在全国 14 个省份 59 个县（区、旗）的调查研究发现，中级、高级岗位数量少是当前中小学教师职称改革中最突出的矛盾。多达 50.7% 的访谈文本都在反映该问题，89.5% 的校长、教师认为中级、高级职称岗位"非常缺乏"或"比较缺乏"，并呼吁提高中级、高级职称岗位的比例。2006 年起，我国专业技术高级、中级、初级岗位之间的结构比例控制目标确定为 1：3：6；2010 年调整为 1：4：5。这种政策将各类专业技术人员统一管理，对中小学教师极为不利。由于岗位限制，相当一部分中小学教师无论如何努力直至退休都无法被聘任为高级岗位。为此，《意见》提出，"适当提高中小学中级、高级教师岗位比例，畅通教师职业发展通道"。这体现了国家在政策制定上对解决中小学教师职称问题予以倾斜，对于调动广大教师的积极性、促进专业发展、增进职业幸福感具有极大的促进作用。

（二）政策措施落实成效产生的影响

这些政策的出台对于促进教师队伍积极健康发展、提升教师地位都具有重要作用。但政策在实施过程中是否落实、落细也会在一定程度上对教师文化产生影响。2015 年发布的《国家中长期教育改革和发展规划纲要（2010—2020年）》指出："与其他行业相比，中国教师工资不高、工资增长幅度低，未能反映出教师作为专业人员应具备的地位待遇。吸引、鼓励、支持优秀人才长期从教、终身从教还需要政策引导。""教师培训经费标准不够明确，多数地区教师培训经费投入不足。"近些年来，随着社会生活水平的提高及国家对教师队伍建设的重视，教师的经济地位确实有了一定程度的提高。但就收入而言，教师的经济收入与其地位没有完全匹配。在一项关于教师生存状态的调查中，由于经济原因，只有 16.7% 的教师明确表示"不会放弃教师职业"，而并不排除"跳槽"可能性的教师占了 10.15%。

（老师们很在乎各种评比，原因是什么？）有的为名，有的为利。实际上优秀的（教师）每个月可能就多了十几块钱，但有的老师还是很在乎的，柴米油盐过日子，老师们还是很在意的。（对 Z 老师的访谈）

三、学校管理因素的影响

从学校层面而言，学校的管理制度、管理模式、考核机制等会对教师文化的形成、发展产生深刻的影响。

（一）管理本位思想倾向的影响

调研发现，管理本位的思想倾向在学校的科层化管理方式中不同程度地存在着。科层制是一种组织管理模式，对其进行开先河研究的是德国社会学家马克斯·韦伯。科层制是为了系统协调许多人的工作以完成大规模行政任务而设计的组织类型。简言之，"科层制是指在大型组织中对工作进行控制和协调的组织原则"[①]。因为现在大多数大型组织需要对工作进行协调和控制，所以科层制运用在包括政府部门、工商组织、志愿者组织等各种组织机构中，只要有行政任务，一般都有科层制。当然，控制与协调本身不是目的，它们只是提高行政效率、成功地完成一个人不可能完成的大型和复杂任务的手段。

科层制便于协调与控制大规模组织，以系统协调许多人的工作来完成大规模的行政任务，因此许多行政组织都含有科层制的因素，教育系统也不例外。通过各种规章制度、一定等级性的组织结构来实施管理的学校，具有典型的科层制特点。"学校教育由各种科层制的行政力量所控制，导致行政权力大于教师权力和教学权力，或者以行政思维推行教育活动，造成教育教学与行政的隔离，学校官本位化，作为学校教育的主体力量——教师队伍处于各层行政权力的监控、处置、摆布和'领导'之下。"[②]图 4-1 是某中学的组织结构。

---

① 〔美〕彼得·布劳，马歇尔·梅耶. 现代社会中的科层制[M]. 马戎，等译. 上海：学林出版社，2001：1.
② 金生鈜. 中国教育制度变革滞后带来的三个问题[J]. 中国教育学刊，2008(12)：19-23.

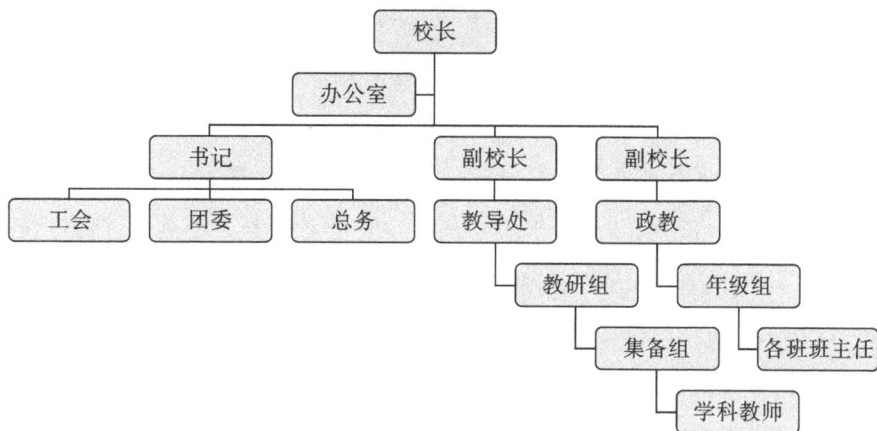

图 4-1　某中学的组织结构

该学校的考核制度中明确规定考核是分层次进行的,对具体考核项目责任部门进行了分工:师德方面的考核责任部门为工会,工作业绩的考核责任部门为办公室、教导处、总务处、政教处,政治学习、劳动纪律(含月出勤)等的考核责任部门为办公室。考核制度规定,每学期内各级部、各组室根据考核细则对所属人员进行考核内容的资料积累,向部门负责人提供翔实、准确的资料。被考核人员按照自己的职责和考核内容记录个人的工作,储备相关原始资料备查。各部门负责人根据各组室提供的情况和本部门的记录,依据考核细则的相关条目对本部门人员和其他关联人员进行打分,并将打分结果报给办公室。办公室汇总出初步考核意见报学校考核领导小组,由学校考核领导小组核定考核结果。

显然,"等级"规定了人在教育制度中的地位。各个行政部门的主要任务是对教师实施监管,负责对教师进行考核和打分,评定等级;每位教师依据各个部门打出的分数处于某一等级。这种系列空间的组织通过逐个定位(通过打分)的形式有可能实现对每位教师的考核与管理。

此外,管理本位的思想倾向在某些学校的检查制度中也有所体现。

某学校的常规性检查包括:①业务学习和参加教学活动。按时上交学习笔记、个人计划、总结、论文、试卷分析等材料。如迟交、不交、出现质量问题、不按时参加研讨活动均要扣分。②教研、集备活动。任课教师是否按时参加教研集体备活动,教研组长、备课组长是否认真做好活动情况和出勤记录,教导处要定期检查。凡无故迟到者、无故不参加者、集备组无故不按时集备的均要扣分。③书写教案。任课教师要严格按照教学常规的要求,规范教案的书写,教导处采用定期检查和不定期抽查的形式对教案质量进行评价。按照获得的等级进行赋分。④遵守教学秩序。教师要按时上、下课,要求任课教师二分钟铃前提前到位,组织学生做好课前准备。下课不得拖堂。教导处对教学秩序情况进行抽查。对两分钟铃前不到位者、上课迟到者、拖堂者、早退者均扣分。教师要妥善处理课堂上发生的问题,维护正常的教学秩序,凡推卸责任,放任自流,随便调课、占课,均属于严重违反教学常规,均进行扣分。⑤批改作业。教师应分层次布置作业,全批全改,认真批阅,规范批改格式。教导处抽查批改情况,两次以内没批作业或者没有分层次布置作业的均实行扣分。

检查往往通过文本的方式进行,如教师的教案、听课笔记、学习笔记、总结、计划、心得体会,由于随时要求提交各种文本材料,教师始终处于忙碌的书写状态中,陷入烦琐的文字材料整理中。这些文字材料占用了教师大量的时间和空间,限定了教师的自由与发展。检查建构了一个评价体系和比较体系。通过检查,管理者可以不断地分析教师贯彻落实学校各项制度的情况、工作态度、工作业绩等,并据此对教师做出评价;通过检查,管理者可以把握总体,对教师个体进行评价与比较,进而对教师个体进行描述、判断和度量。

我们学校要求每个老师每个月要完成6～8篇听课笔记,还有班主任笔记、党员笔记,都需要画上花边,制作美观,以备上级检查。(对Z老师的访谈)

管理本位意味着把管理者而非教育者、服从而非服务放在优先位置。管理本位下,学校对教师的评价权掌握在管理者手中,评价呈现为自上而下的单向评价而非多元评价;评价的标准主要是学生的考试成绩;评价严格遵循刚性要求、统一标准,容易造成评价过程中出现"一刀切"的现象。调研的一些学校的管理本位思想倾向不同程度地影响了"以人为本"服务思想的落实,在一定程度上也造成教师文化中高权力距离价值取向的形成。

（二）"教研组文化"和"级组文化"的影响

韦伯把地位群体界定为一个具有共同的文化生活方式、被认可的社会身份以及被公共认可的声望或社会等级的共同体。[①] 柯林斯在韦伯的概念基础上进一步发展了地位群体的内涵，认为那些具有共同特性的人们通过努力互相提供社会支持并维护他们的地位。与地位群体的形成相关的特性包括年龄、性别、兴趣、爱好、种族背景、教育水平、宗教群体成员和居住社区。在这些特征或其他特征上相同的人倾向于联合在一起并产生一种特定的取向和生活方式。[②] 这种特定取向和生活方式支持着他们对于地位和声望的特定要求。教师们在长期的共事与合作，共同的追求、志趣等基础上结成了教师间的共同体——地位群体，学校的管理模式与考评模式进一步加强了群体成员的身份感。教师文化的集体主义取向源于教师间形成的地位群体及在此基础上形成的"教研组文化"和"级组文化"。

在我国，目前许多中小学实行教研组和年级组两种管理模式。这两种管理模式使得教研组和年级组成为教师共享专业生活与非专业生活的基本空间，在这种管理模式基础上形成的"教研组文化"和"级组文化"成为教师地位群体的核心。

教研组是中华人民共和国成立以来就存在于中小学中的一种教研体制。它是学校的教学研究组织，按照教师之间的专业技术性来组织，同一学科的教师为一个教研组，在教研组长的直接组织下办公。教研组主要承担学校的业务工作，如学科教学计划的制订、集体备课、集体阅卷、学科内的听评课和解决教学中出现的专业问题。教研组成员在长期的共同工作中形成了特有的"教研组文化"，包括"教研组的精神文化、物质文化、制度文化和行为文化"[③]。教研组在与学校文化保持方向一致的情况下，发展出具有自身特色的愿景，营造出体现学科特色的文化氛围，形塑出具有学科风格和专业特色的精神文化；教研组集体办公场所的环境布置，教研组集体备课所选择的教例，通过研讨共同形成的教案,教研组集体选用的教参、教具、学习材料都是教研组物质文化的体现;教研组成员日常活动的规则,是教研组成员共同遵循的价值观念和思维方式的体现;教研组常规活动制度、听评课制度、传帮带制度、集体备课制度、学科研讨制度、试卷评阅制度、奖惩制度等构成了教研组的制度文化;此外,教研组成员的研讨行为、听评课行为、辅导学生行为等具体行为形成了教研组的行为文化。

20世纪80年代中期以来,随着学校规模不断扩大,一些学校为了解决繁重的管理任务,将部分管理权下移,同时为了强化不同学科间教师的合作,将教书与育人统整起来,年级组应运而生并得到了发展。① 当前,在较大规模的中学担任班主任的教师及较小规模的小学同一年级的学科教师和班主任在学校的大部分时间都是在年级组度过的。

由于年级组的相对独立性,其成员通过相互合作与共事容易形成"级组文化"。年级组教师在共同的教学和管理工作中,形成了自己特有的规范体系、精神价值和生活方式,加上年级组的教师多是由不同学科教师组成的,因此这种"级组文化"是一种多学科教师间的专业协作文化。

年级组教师间的专业协作与学习包括显性与隐性两种形式。显性的指班主任集中"会诊"、决策某些班级问题;全年级教师对学生问题进行年级组层面的决策;年级组教师共享资源,分享、交流精彩文章和读书体验等。隐性的包括班主任间相互学习育人的方法与经验、与家长交流沟通的模式等。年级组的教师都集中在一个办公室办公,各人的教育方式是公开与透明的。在办公室,教师会不断地与学生打交道,教师与学生交流的话语、奖惩的方式、工作作风都是公开、透明,无法藏匿的。因此,在同一空间办公的教师就能了解其他教师教育学生的方式、方法,并能从中学习到诸多教育经验。而这些宝贵的经验是无法从书本中学习到的。对于教师特别是年轻教师的专业成长来说这是一种便捷的学习方式。这种潜移默化的学习方式或者说经验的获取方式可能是隐性的。

"教研组文化"和"级组文化"不仅涵盖教师的专业生活,还涉及教师的非专业生活。年级组和教研组不仅是教师专业生活的空间,也是他们非专业生活的

---

① 谢翌.“单位文化”:教师文化的根基[J].外国教育研究,2008(11):59-64.

空间。由于目前我国中小学实行坐班制，教师们每天在校工作八小时，除了上课、处理班级事务之外，大部分时间都是在办公室度过的，包括吃饭、备课、批改作业、教育与辅导学生等，因此，办公室也成为教师们宣泄情感、分享生活经验、交流人生智慧的场所。在工作之余，教师们会对社会热门话题展开评论，对社会上的流行服饰、电子产品等进行引介甚至集体在网上团购，对遭遇的生活难题彼此帮助，等等。哈默斯里曾指出，教研室中的信息交换能够帮助教师保护其职业认同感并且帮助他们对于教学过程中遭遇的问题进行控制。[①] 在教研组和年级组的共同时空中，教师通过集体活动、信息交换、情感交流、经验分享强化了职业认同，疏导了消极情绪，这种联系与交往的情感要素或许是友谊，但长期的结果却是地位群体成员感[②]，形构出具有集体主义特色的教师文化。

(三)学校考核机制的影响

学校为了防止教师间的不正当竞争，鼓励教师间的合作和整体推进，在制度设计上将年级组或教研组成员捆绑在一起进行管理与考核。许多学校为了促进每个年级都能出好成绩，形成了以年级组为实体、不同年级之间竞争的机制，这种竞争不仅包括学生成绩、各年级对学校安排任务的执行情况、各种材料上交的及时性，还包括"对教研组建设的评价，其内容主要包括教研组实施课程计划的情况、课堂教学方法实施策略、教学内容的进程安排、组内不同教学风格的交融、新老教师的合作相长等"[③]。这些评价不是针对某位教师的，而是面向教研组整体的，任何一位教师出现问题都会影响对该教研组的整体评价。柯林斯分析认为，"当地位群体的结构足够密集，而且距离十分接近时，就会产生强烈的群体成员身份感，并对具体化的符号产生依恋；该仪式共同体具有权力等级，通常能够运用强制性威胁迫使人们服从秩序。在这种情况下，违反仪式同样被视作对权力等级的威胁"[④]。集体荣誉感、群体成员身份感会不断强化教师对以年级组与教研组为单位形成的地位群体的归属感。这种群体成员的身份

---

① 转引自石艳. 学校空间与不平等性别关系的再生产[J]. 当代教育科学,2007(15):6-9.
② 〔美〕兰德尔·柯林斯. 互动仪式链[M]. 林聚任,王鹏,宋丽君,译. 北京:商务印书馆,2009:161.
③ 钱薇. 浅谈教研组建设的评价[J]. 中小学管理,2006(2):4-6.
④ 〔美〕兰德尔·柯林斯. 互动仪式链[M]. 林聚任,王鹏,宋丽君,译. 北京:商务印书馆,2009:185.

感和归属感,不仅强化了同质成员间的团结与凝聚力,还会影响新加入的成员或非同质成员,对他们产生压力并要求他们遵守群体内的秩序与规则。学校制定的相关考核机制在一定程度上促进了教师文化的集体主义取向的生成。

四、教师职业特质的影响

从教师职业来看,教师专业要求、工作目标、工作职责、工作经验、工作评价等方面的因素也会对教师文化产生一定的影响。

(一)教师专业要求是根植于信任契约的道德活动

专业包含了专业知识与专业道德两个方面。专门的知识与技能、明确的职业道德以及服务和奉献精神是任何专业都必须具有的专业内涵。[①] 作为一门专业,教师专业也关涉专业知识与专业道德,能否制定与遵守一定的伦理规范是衡量教师专业性的重要指标。1995 年,利伯曼在《国际教学与教师教育百科全书》中对教师专业提出了五个评判标准,其中"对从事该项活动有典型的伦理规范"[②]是重要的评判标准之一。加拿大学者坎普贝尔认为,"将教师视为专业人员,不是仅仅因为他们的技术能力,对学科内容的掌握,或者他们的教育成功,而是他们在日复一日的现实、困境和挑战中所表现出来的智慧和人性,为别人的孩子担负责任,并对未来的社会充满希望"[③]。显然,在坎普贝尔看来,教师专业的核心在于教师的智慧与人性,在于教师的道德感与责任感。

在美国,急救医学学术研究协会曾发表了关于专业素养和伦理规范的报告,将医学界定为"植根于信任契约的道德活动"。坎普贝尔明确断言,专业首先建立在伦理规范的基础之上,技术能力和该领域的知识不足以确保专业的行为。[④] 这同样适用于教师专业,根植于信任契约的道德活动是教师专业的必然

---

① 肖川,胡乐乐. 论校本教研与教师专业成长[J]. 教师教育研究,2007(1):17-21.

② Anderson L W. International Encycloped of Teaching and Teacher Education[M]. New York:Pergamon,1995:6.

③ 〔加〕伊丽莎白·坎普贝尔. 伦理型教师[M]. 王凯,杜芳芳,译. 上海:华东师范大学出版社,2011:136.

④ 〔加〕伊丽莎白·坎普贝尔. 伦理型教师[M]. 王凯,杜芳芳,译. 上海:华东师范大学出版社,2011:124.

追求,是教师专业精神的根本体现。

首先,学生对教师的信任使教师负有特殊的道德责任。学校和教师对学生的生理和心理健康负有道德义务,以确保他们不受到伤害。这要求教师作为专业人员理解所从事专业的道德性,明晰教学是一种道德努力,并对自己的行为举止具有较强的道德敏感。教师所承担的特殊的道德责任要求教师对学生在道德品质上进行引领。由于学生这一未完全社会化、心智尚未成熟的群体特别容易受到教师行为和动机的影响,所以教师应当成为他们道德上的榜样,在道德和伦理上进行引领,用高尚的品质与态度影响学生。教师高尚的品质不论是以明显的还是以细微的方式体现出来,都能影响和感染学生。"正是通过各种关系学生懂得了品质对于他人的重要性,如诚实、尊重和敏感。儿童最有可能受到他们所敬佩的教师的品质的影响。这些品质包括容忍、坚韧和公平、合理的行为方式以及对事情加以阐释的意愿,对于年龄稍大一点的而言,还包括尊重而不带有偏见,温柔和彬彬有礼,以及对于学生需要的敏感和及时反应。"①实际上,正是因为教师所承担的特殊的道德责任,需要对服务对象进行道德示范并进行价值引领,所以才将教师与医生、律师、工程师等专业人员区别开来。

其次,社会信任要求教师有责任满足较高的道德标准。社会与公众给予教师较高的信任与期望,"道德准则的楷模""特定社会价值的维护者"②是社会予以教师的信任、信心与期许。弗洛姆认为,"'信任'某人,意味着确信他的基本态度、他的人格核心的可靠性与不变性"③。给予他人信任,意味着对他的人格、品质、品行和行为的认可与确信,意味着对较高的道德行为标准的期望。成为教师意味着有责任与义务使自己的行为符合公众的评价标准,有实现较高道德标准的能力。"一般来说,或许和其他人一样,教师在公共和私人场合中不能随心所欲地行动,他们有一种坚守道德规范的责任,而不是教师不用遵守;要负责任地履行这一职责……无论是否处于工作之中,我们期望这些专业群体的每一

---

① Halstead J M, Taylor M J. Learning and Teaching about Values: A Review of Recent Research[J]. Cambridge Journal of Education,2000,30(2):178.
② 叶澜,白益民,王枬,等. 教师角色与教师发展新探[M]. 北京:教育科学出版社,2001:32.
③ 〔美〕弗洛姆. 自为的人[A]//冯川. 弗洛姆文集[C]. 北京:改革出版社,1997:224.

位成员以高于免于道德谴责的标准行动。"①社会信任要求教师在专业和个人领域必须具备较高的行为标准。

(二)教师工作目标的模糊性

教师的工作不仅包括依靠学生成绩来衡量的学术成就,还承载着极具价值性的社会任务,即教师对学生的个体社会化、社会价值观、社会行为、社会态度、道德观念及社会规范的养成都负有责任。这使得教师工作充满了复杂性、多样性、矛盾性甚至争议性。

威尔逊认为,"教师角色必然具有一种弥散的而不是专门的责任——促使儿童社会化,促进、激发、鼓励他们,向他们传递价值观、唤醒他们尊重事实的责任感并能批判性地鉴赏事实——所有这些并非专门性的。这既意味着'一个人是什么?'也意味着'一个人做什么?'"②。如何证明教师这一角色在形成学生的价值观、完善学生的行为和态度等广泛的道德领域里取得了成就?换言之,确定教师是否实现了预定的目标是非常困难的,况且"促使儿童社会化""唤醒他们尊重事实的责任感"等目标本身就是模糊不清的。于是,这个要求教师把自我深深投入其中的角色,或许只能提供一种很有限的成就感。"由于模糊性、不确定性以及变化的不明显性阻碍了心理安慰的获得,良心上仍然得不到满足;教学工作看上去好像需要一种能力,它能够让教师长期在无法确定自己能够给学生产生任何积极影响的情况下进行工作,一些人觉得在这种情况下保持自信是非常困难的。"③

好学生不是老师教出来的,好学生是家庭教育的结果。譬如班上的好学生,他们各方面都表现得很好,但实际上有多少是受老师的影响,特别是受某一个老师的影响呢?这很难说清。(对 S 老师的访谈)

---

① 〔加〕伊丽莎白·坎普贝尔. 伦理型教师[M]. 王凯,杜芳芳,译. 上海:华东师范大学出版社,2011:123.
② 瞿葆奎. 教育学文集·教师[M]. 北京:人民教育出版社,1991:205-206.
③ Lortie D C. School-Teacher: A Sociological Study[M]. Chicago: The University of Chicago Press, 1975:144.

(三)教师实践性知识的个体性、情境性与默会性

教师在社会化过程中,通过与情境互动而形成经验,进而建构一套属于自己的知识,即实践性知识。[①] 这套知识不仅包含了学生的学习习惯、兴趣、需求、长处与困难等第一手资料以及教学、班级管理技巧,还包含了教师对学校结构与要求的熟知、对师生关系的了然、对家长需求的深谙。它是教师个人价值观、信念的统整。洛蒂也认为,每位教师都依据本身的人格特质及经验形成自己的教学方式,这是从个人经验中得到的,既非来自组织结构,也非来自专业教育,而是在实际教学中通过若干次的"试误"获得的。在社会化的过程中,他人的影响需要通过个人意志的筛选,经过判断试用而产生作用,不能全盘接受和模仿他人。

实践表明,教师的实践性知识在教师的工作中发挥着引导、指导与规范的作用。首先,它在教师接受外界信息、理论知识时起过滤作用,并在运用和理解此类知识时起着导向作用。其次,它具有强大的行为规范和价值引领的功能,规范并指导教师的日常教学与管理行为。再次,"教师的专业性是靠实践知识,即运用综合的高度见识所展开的问题意识与问题解决的成熟度来保障的"[②]。也就是说,教师实践性知识能有效地帮助教师面对复杂的教育情境,处理各种实际问题,在教师的成长与工作中具有核心作用。

教师实践性知识具有个体性、情境性和默会性的特点。实践性知识具有个体性,是以具有个人特质的方式构建并运用的。因此,实践性知识总是带有个人化的烙印。比如,有些有经验的教师的眼神就能传达他们所想传达的东西,而这是新手型教师难以效仿的。实践性知识的情境性表现为一种临床知识,依赖教师对不确定状况的敏感性、思考的即时性、认知的灵活性、判断的准确性和行为的变通性等。它不是一种条理清晰的逻辑认识过程,也不是一种无意识或下意识的行为,而是教师将实践性问题的表象与问题解决中多元视点的综合。实践性知识不但作为显性知识,而且作为隐性知识发挥作用。实践性知识既有

---

① 周淑卿. 课程发展与教师专业[M]. 北京:九州出版社,2006:9.
② 叶澜,白益民,王枬,等. 教师角色与教师发展新探[M]. 北京:教育科学出版社,2001:216.

可言传性,也有不可言传性,即默会性,难以进行逻辑说明,只能在行动中被展现、被觉察、被意会。

实践性知识在教师工作情境中的重要性,决定了教育专业理论知识在教师工作中指导的有限性。建立在严格的方法论与假设等科学方法基础上的专业理论,具有高度概括化、普遍化的特点。但是在面临高度复杂的真实情境的特殊状况、不确定性、有冲突性的问题时,这些专业理论知识往往难以解决复杂的现实问题,造成教师难以运用既有的理论知识,易于产生挫败感。而实践性知识的个体性、情境性和默会性决定了这种知识难以共享并增加了传递的困难。"教师的'实践性知识'是作为'特定的儿童认知''特定的教材内容''特定的课堂语脉'所规定的'案例知识'加以积蓄和传承的。"[1]因此,甲教师的丰富经验可能令他取得了优秀的业绩,但可能不适合乙;某个教师在某堂课上成功的教学经验可能不适合另一堂课;再加上实践知识的默会性只能在行动中展现,通过学徒制传递,大大限制了在忙碌、高效运转的教师群体中传递的广泛性。教师实践性知识的这些特点决定了教师必须为自己的选择与行为承担更多的职业风险,而一旦没有达到预期的效果,就容易使教师产生自责、不称职感、挫败感,对学生的愤怒、失望以及其他消极情绪。

(四)教师行为结果的不可预测性

教师行为,有时亦称教师表现,是教师内在素质的外在表现,一般有广义和狭义两种理解。广义的教师行为包括一切与教学活动有关的课堂内外、校内外的教育活动;狭义的教师行为仅指教师课堂教学中外显的、可观察的行为或活动。[2] 本书主要从广义上来理解,是指教师的包括教学、管理及其有关的各种行为。

教师行为结果的难以预测性首先表现为对教师行为评价的复杂性。评价在《现代汉语词典》中是指"评定价值高低"。在英语中,评价的含义是指引出和阐发价值。按照马克思主义的观点,评价是一种认识与反映的过程,是评价主

---

① 〔日〕佐藤学. 课程与教师[M]. 钟启泉,译. 北京:教育科学出版社,2003:228.
② 白益民. 高成效教师行为特征研究[J]. 教育研究与实验,2000(4):31-38.

体对评价客体的价值反映。因此,评价关涉价值。什么是价值?"价值亦即客体对主体需要的效用"①,包括了两方面的含义。首先,价值存在于主客体的相互作用、相互关系中,离开客体或者主体都不可能构成价值关系。其次,价值取决于客体对主体需要的满足和主体对客体的期待。如果客体满足了主体的需要与期望,则客体对主体是有价值的;如果客体没有满足主体的需要,则客体无价值;如果客体与主体的需要与期望相反,客体对于主体具有负价值。因此,即便是同一客体,对不同需要、不同期待的主体来说,也具有不一样的价值。

教师行为评价,是指对教师的一切与教学活动有关的校内外教育活动价值的评判,暗含着对此种行为的期待。在教师行为评价中,显然,教师行为是客体,评价主体包括体制内即教育系统内部的各种人员(如学校管理者、学生、同事、学校主管部门相关人员)和体制外的形形色色的人员(如家长、媒体)。不同主体在与教师行为发生联系时,处于不同的位置与角度,对同一教师行为有着不同的要求与期望,因此会产生不同的评价标准。此外,教师行为评价还牵涉人性假设。在评价过程中,主体的意志、情感、态度等参与评价过程,因此,评价主体所具有的思想观念,特别是所持有的人性假设决定了不同的评价主体有不同的价值取向。比如,如果评价主体持"性善论",那么他往往会信任教师,并对教师采取理解、宽容的评价态度;而如果评价主体持"性恶论",他往往会不信任教师,并采取批判的、怀疑的评价态度。所以说,"评价是一种主体性的活动,它随着主体本身不同而不同"②。这表明评价本身必定是多元的和复杂的,甚至会引起争议性的评价结果。下面是一个发生在某市某中学的真实案例。

某初中生的家长通过举报电话向该市教育局局长反映某位教师经常在班里体罚学生,不仅让学生罚站,甚至动手打学生。在体罚过程中,还带有侮辱性的语言。班上被体罚过的学生有五六个。

举报电话打完之后,马上引起了市民的热议。

有网民说,应该将这种体罚学生的教师清除出教师队伍,甚至绳之以法;有

① 王海明. 伦理学原理[M]. 北京:北京大学出版社,2001:24.
② 李德顺. 评价论[M]. 北京:中国人民大学出版社,1987:25.

网民说,教师队伍人数众多,个别教师出现问题很正常;有网民说,现在的孩子都被惯坏了,老师揍得轻了,惯出些臭毛病来;还有网民说,都是因为家长素质低劣,惯出孩子许多毛病,把老师弄得都不敢管孩子!

随即该市教育局的相关工作人员对此进行了调查,调查结果如下。

调查一:该市教育局的相关工作人员去该中学向学生做了问卷调查,调查结果证实该教师没有体罚学生,而且几乎所有学生都在问卷中支持该教师。

调查二:事件发生后的某个周末,一百多名学生家长到该中学表示支持被投诉的教师,甚至还打出了"支持W老师!"的横幅。学校领导表态,W老师将继续留任,继续承担原来班级的教学工作。

调查结果出来后,有家长发表如下评论:

这年头,能对个别学生进行惩戒教育的教师一定是一个负责任的教师。绝大多数教师宁愿这个学生学坏,也不敢进行惩戒。可惜,社会、家长、教育主管部门都不明白这个道理,动辄就是曝光、投诉、"严肃处理"。如果教师真的对某个学生实行了惩戒,说明教师对这个学生还没有失望,说明这个学生还有救,更说明教师是真心地想让学生有出息。教师关注较少的学生,一般有两种:一种是很优秀的学生,不需要教师督促,无须扬鞭自奋蹄;而另一种则是教师认为无药可救的学生,任其"自生自灭"。如果教师对某个学生连看一眼的兴趣都没有了,那么这个学生基本上就没什么指望了。试想一下,一个人到了自己最熟悉的学习、生活的地方,如果连关注自己的人都没有,是不是挺可怕的?能够被人关心,能够被人关注,能够在自己出错的时候有人棒喝,这何尝不是一种幸运!

有教师评论道:

教师对学生的惩罚应当视教师与学生的亲密度而定。如果教师确实和学生交往较多,确实是把学生当作自己的孩子,那么在言语上甚至在身体上有所接触,学生是会理解的;但如果师生间来往较少,教师和学生间关系较疏离,教师对学生有过激的言行,可能就不会被学生所接受,甚至还会带来适得其反的结果。另外,教师必须对孩子有清醒的认识,对家长有清醒的认识,结合孩子的特性进行教育。有的孩子只适合给他"甜枣",有的孩子光给"甜枣"不行,还要进行必要的惩戒。所以教师要做个"有心人",要掌握惩罚的"度"。(摘自一位受访教师的评论)

教师的一个看似平常的教育行为却引来了无数的关注与评价,并且不同的评价主体甚至得出了不同的结论,这说明对教师行为进行评价存在着显著的差异性。教师行为评价看似人们对教师行为的不同看法,实际上关涉价值问题和人性问题,甚至文化问题。在此个案中,对教师行为的评价与期待包含了四个结构因素:其一,社会期望,指社会法定文化,即国家颁布的教育法律法规和教师职业道德规范对教师行为的明确规定与要求,它赋予教师制度性的身份与相应的行为权力,社会期望代表着教师所依附的制度文化;其二,家长期望,是有别于制度文化的世俗文化,即对教师行为约定俗成的界定,如"为人师表""淡泊名利""无私奉献,不求回报";其三,学生期望,有别于社会法定文化与世俗文化的同辈群体文化,即教育对象对教师的期待,来自不同家庭、不同性格特征的学生对教师会有不同的要求与期望;其四,教师自身的期望,此期望源于他所隶属的群体文化和对外在规范内化的良心(图4-2)。而上述四方面的期望由于其主体需求的不同、人性观的不同又会衍生出若干的期望。因此,教师行为由于评价主体的不同会产生难以估量的后果,教师在寻求使自己的行为在这四方面的期望中达致平衡的方法时必须小心谨慎,否则将会被推至风口浪尖。

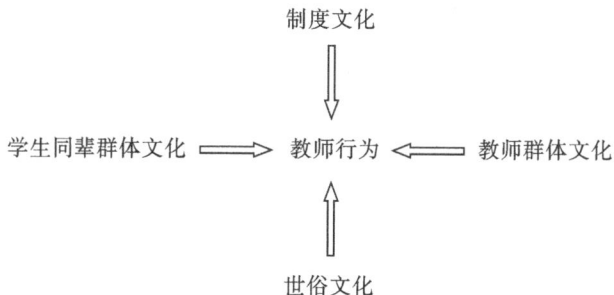

图 4-2　教师行为评价的构成要素

教师行为结果的不可预测性还表现为对教师行为评价的时机是不确定的。"教师是成人社会的代表,依据成人社会的规则对学生有目的、有计划地施加符合社会要求的影响,即教育影响。"①教师的工作是对学生施加一定的教育影响,那么何时评价这种影响的结果呢? 如果说教学后迅速进行评价较为恰当的话,教师对一个人的道德影响可能要在若干年后才会出现,这种评价如何进行? 况且教师对学生施加的教育影响的显现还具有延时性与滞后性的特点。学生的身心发展是一个长期的过程,其远远滞后于教师工作的完成。只有当学生踏入社会、为社会工作时,教师的教育影响才能逐渐显现。而对教师工作成果的评价又必须基于这种教育影响。这使得教师工作成果具有间接性、延时性、滞后性等特点,从而造成教师很难获得即时性的(精神)回报,甚至会产生付出与回报不成比例的主观认知,削弱了成就感而增添了焦虑感。

(五)教师角色的多元化

在教育系统和社会系统中,教师扮演着多重角色。美国学者格兰布斯将教师角色分为两大类:一类是学习指导者,一类是文化传播者。每一类角色又可以再细分,其中前者包括七种角色:学生成绩的评判者、知识和技能的守门人、维持纪律者、儿童的帮助者与保护人、道德气氛的创造者、教育机构的成员和学校教育系统的支持者;后者包括九种角色:中产阶级行为准则和经济信条的恪守者、青年的楷模、理想主义者、思想界的先锋、有文化的人、社区事务的参与者、社区中的陌生人、教育机构中的路人和社会的公仆。②格兰布斯对教师角色的划分虽然非常细致,但难以囊括教师扮演的所有角色。在学校中,实际上教师每天基本上扮演两种角色,即对学生而言的社会代表者和对其他教师而言的同事。当然,这两种角色不是教师在同一时间同时扮演的角色,而是在不同场合交替扮演的角色。而"教师每天在学校中反复转换的社会代表者与同事这双重角色具有几乎完全相悖的社会学特征"③。

社会代表者这一角色的基本特征是"社会规范性"。这种角色身份要求教师传递符合社会要求的信念、态度、价值观和行为方式。除此之外,社会代表者这一身份赋予教师道德权威和法理权威。涂尔干认为,"教师代表道德的权威,

---

① 马和民. 新编教育社会学[M]. 上海:华东师范大学出版社,2009:78.
② 厉以贤. 西方教育社会学文选[C]. 台北:五南图书出版公司,1992:630.
③ 吴康宁. 教育社会学[M]. 北京:人民教育出版社,1998:204.

是社会道德和社会文化的促进者；学生敬畏教师，是因为教师站在成人的地位，而且代替国家和社会对学生实施教育影响"①。法理权威由韦伯提出，指来自法律规章的权威，源于组织成员对公认法律的认同和信服。领导者以其法定职务来发号施令，一切权威都由规章制度所认可。教师由于获得了法定身份与权威，必然能够居高临下地向学生展示其威权。显然，作为社会代表者的教师与学生交往奉行的是不平等原则。

与此相反，同事这一角色的基本特征是"个人独立性"。这种身份要求教师在平等的意识下支配自己与其他教师的交往互动，即以同行的身份、同伴的姿态和朋友的语气与其他教师交往。显然，作为同事的教师更多奉行的是平等原则。教师扮演的两种角色的社会学特征几乎完全相悖，而教师需要在学校系统中频繁地进行角色转换，往往会造成教师内心的不确定、紧张和矛盾感。

（六）教育中的人及其关系的不确定性

教育中的人及其关系的不确定性首先表现为人的生长性。人的生命本身不是一个结果，而是一段历程。人在这个历程中产生意义，这些意义又使生命成为一种有意义的、非确定的过程，使人的发展永远具有创造性和超越性，使人永远处在生成之中。教育中的人包括教师和学生，他们都是处在不断生成中的人。

人的生成性意味着人是非特定化的生物体。非特定化是指人的不完善性，意味着人不可能被限定，人具有无限发展的可能性。与动物依赖本能生存不同，人通过各种发展性的活动不断延伸和拓展自己的能力，使自己不但能适应和应对各种环境，而且能不被环境所局限与束缚，并在各种生存性的活动中完善与发展自我的本能，挖掘自我的潜能。人的非特定化意味着人是"未完成的""不完善的""不确定的""不定型的"，是具有无限发展可能性的，始终处于一种未成熟的状态。在杜威看来，未成熟状态意味着生长的无限可能性。生长和发展不是儿童的专利，作为成人的教师也在不断生长。"常态的儿童和常态的成人都在不断生长；他们之间的区别不是生长和不生长的区别，而是各有适合不

---

① 转引自吴康宁. 课堂教学社会学[M]. 南京：南京师范大学出版社，2009：165.

同情况的不同的生长方式。"①因而杜威认为,教育就是生长,教育的过程是一个不断改组、改造和不断转化的过程。那么,对于教师来说,其要面对受教育者和自身在教育过程中的不断生长和发展。而人的生长和发展的多样性、复杂性和差异性导致了教育过程的复杂性、非线性、偶然性,造成教师可能"遭遇"种种"危机"和"事件",而教师无法预料这些"危机"和"事件"究竟会对受教育者和自我产生什么样的影响。这些都可能成为教师对于确定性寻求的强大内驱力。

第二节　教师文化产生的影响

教师文化的高权力距离、集体主义、强不确定性、阳刚气质和长期导向等价值取向对教师的影响是多方面的,既会产生积极健康向上的效应,也会带来一些问题。

一、教师文化产生的积极影响

教师文化中形成的师德、师风、师爱的良好风尚对教师产生了广泛而深刻的影响。

(一)立德树人的价值追求

中国传统师道文化的深远影响、政府相关政策对师德师风的重视、学校管理制度对师德师风及教师专业的要求等,都促进了"基于道德"的长期导向的教师文化的生成。因此,立德树人成为教师首要的价值追求。道德责任成为衡量教师职业生活的一种重要标准与尺度,把道德责任转化为道德践行和道德引领是教师工作的重要内容。

作为立足于道德原则的角色,教师的工作是与人心灵交往的道德实践。加拿大学者伊丽莎白・坎普贝尔指出,这种道德实践是一种双重状态,在教师身上需要一种双重承诺。"第一种承诺与教师作为一个道德人所具备的以及道德

---

① 〔美〕约翰・杜威. 民主主义与教育[M]. 王承绪,译. 北京:人民教育出版社,2001:58.

专业人员自身所坚守的严谨的伦理标准有关,第二种承诺与教师作为一个道德教育者、模范和榜样有关,他们的目标是引导学生过一种道德生活。"①这种道德责任要求教师不仅以专业伦理来规范和约束自己的教育行为,还应当自觉践行道德引领的责任,引导学生向上向善。教师的道德践行是教师专业伦理的内化,既是教师专业发展的来源,也是学生道德成长的催化剂。教师的道德践行不仅深刻地影响着学生的身心发展,还时刻提醒教师作为专业人员如何运用专业伦理引领学生健康成长。

四年前,我又新接了当一年级一个班的班主任的工作。当时主抓教育的校长找到我,表情凝重地说:"W 老师,你是年级组长,又是教研组长,有个特殊的学生,必须放在你的班里。"而这个特殊学生着实让我吃了一惊,她是一个聋哑儿童! 这可是我们学校从来不曾有过的事情! 当时学校里既做年级组长又做教研组长的就只我一人,再加上个聋哑儿童,我能吃得消吗?! 但是看着家长企盼的目光,我没有多说什么,默默地带着这个小女孩向教室走去。一边走,一边思索着,这样一个特殊的孩子,我怎么向同学介绍? 如果避而不谈,大家看到她的样子可能会发笑,可能会讥讽,无疑会伤害她的自尊心。怎么办? 我知道,此刻要用教师的爱心和智慧,既保护她的自尊,又唤起其他同学的真挚情感。来到教室,我的思想出现了两秒钟的空白——我在调整自己,如何能让这些健全的孩子体验到聋哑姑娘的感受?

稍后,我请全体同学做了这样一个游戏:用手指堵住耳朵,"听"老师说话。我的声音不高,我悄悄地注视着孩子们的表情,他们眉头紧锁,满脸茫然。随后我请他们放下手掌,问他们:"孩子们,你们刚才听见什么了?""什么也没听见!""就看见老师的嘴在动!"孩子们七嘴八舌地说。"是啊,"我搂着新学生的肩膀对孩子们说:"因为刚才你们的耳朵被堵住了,而我们的这个新朋友就是被病魔堵住了耳朵,她听不见我们的声音,也不能像我们一样发音,我们怎么欢迎她?"教室里立刻响起掌声,有的甚至站起来对着她使劲地挥手。她听不见,但是我

① 〔加〕伊丽莎白·坎普贝尔. 伦理型教师[M]. 王凯,杜芳芳,译. 上海:华东师范大学出版社,2011:2-3.

分明从她的眼睛里看到一丝光亮闪过！那一刻,我们都感觉到了"无声胜有声"的价值！

从此以后,她在学校里就没有走出过我的视线,而我,也一直都在她的视线之内。在日后的学习中我观察到,因为交流方式的不同,她极少与人交往,似乎某一个角落就是她的栖身之地。为了打开她的心灵之窗,也为了教给其他学生如何给需要帮助的人以真诚、关爱和温暖,我把她安排在离我最近的第一桌。她听不见声音,但她却有着惊人的观察力。上课时,她的眼睛从不离开我的嘴——她在读"唇语"！为此,每当讲到重要的地方,我都会放慢速度,对着她张大嘴巴重复一遍。最艰难的事情莫过于教汉语拼音,这对于正常的刚刚入学的孩子都是难点,何况她什么都听不见！那一个月,我付出了多于平时几十倍甚至几百倍的心血,对着她大声说话,指着口型教她练发声,手把手地描写字母……听着她发出第一声非常不清晰而且声调不准的"a",我兴奋地用手拍着她的小脸连声叫"好孩子,好孩子!"那激动劲儿不亚于我第一次听到儿子叫妈妈！她听不到我留的作业,我就和她的家长利用"家校互动本"联系,每天把作业记在本子上,也把她在学校的表现一一记在上面,从没有一天间断,直到她可以自己用文字记作业为止。她的爸爸拿着厚厚的几本"家校互动本"感动地说:"我要把这些都留起来,等她长大了拿给她看,让她知道魏老师为了她花了多少心血!"

这一切,班上孩子们看在眼里,记在心上。班主任的人格魅力也正是在一言一行中得以传播,教育的力量也就自然而然地"从人格的活的源泉中产生出来"。同学们在感受爱的过程中学会了发扬爱、传递爱！他们默默地成立了"护卫队"帮她排忧解难。他们说,我们要充当她的耳朵！正是来自集体的温暖与和谐的氛围使她变得开朗了。校门口有她对着老师生硬地说"老师好",操场上有她摇绳的身姿,课间有她捡拾垃圾的背影……她在用一颗真心回报着老师和集体。

"六一"庆祝活动中,我和学校商量,把她推上主席台,让她在全校师生面前发言。由于她已经熟悉我的唇形和手势,也为了能更好地完成这项活动,那一次,学校破例让我站在台下为她"指挥",为她翻译,"我叫……我喜欢读书和画画,我愿意和大家一起游戏!"通过扬声器传遍整个校园,传到每一位师生心里,掌声再次为她响起。而就在此时,我收到她爸爸的短信:"魏老师,今天是个快乐的日子,您是最有资格和孩子一起分享这份快乐的!我们全家感谢您!祝您节日快乐!"还有比这更崇高的荣誉吗?泪水顿时盈满眼眶,幸福与快乐也盈满心田!(摘自 W 老师的教育反思)

W 老师的辛勤付出和人格魅力,不仅使特殊学生不断成长进步、感受着集体的温暖,也感化着其他学生,形成了"温暖与和谐"的集体氛围,同时也赢得了家长的尊敬和信任,这就是"以心灵感受心灵"无私师爱的教育价值。这种"润物细无声"般的师爱必将在学生幼小的心灵中播种下爱的种子,引导学生在成长中感受道德的力量。

教师良好的道德品性,不论以何种方式展现出来,都能深刻地影响学生。"儿童最有可能受到他们所敬佩的教师的品质的影响。"[①]教室内外存在着大量的道德信息,教师对待各种行为的态度、在教学和学生管理中采取的各种措施,都有可能以道德和伦理的方式影响学生。道德引领是教育过程中一种隐性的教育力量,它既是一种价值引领,也是一种善意的牵引。

"严是爱,松是害"是许多班主任的口头禅,"严师出高徒"也成了班主任的经验之谈。不可否认,在很多时候,严格管理、严格要求是班级管理的有效手段,但我同时还认为,过分严厉有可能会使学生产生逆反心理,不利于学生良好行为习惯的形成。在很多时候,宽容能使学生受到感化,会收到神奇的教育效果。宽容是一种信任和激励,因而,信任会化作一种力量,激励学生自省、自律、自强;宽容又是一种仁慈和关爱,可以赢得学生的信任和尊敬,从而愿意服从管理,促进良好行为习惯的养成,进而使班主任有效地开展教育工作。

当我发现学生犯错时,我会主动联想到自己的学生时代的生活,我有没有这样做过?虽然处于不同的时代,我和学生也有了一定的代沟,但是试着去接近他们你就能理解那些学生的一些做法。当有学生无意识地表现出对我的不尊敬时,比如他们背地里喊我"老 R",我会想想我的女儿也会这样,就把他们当

① 〔加〕伊丽莎白·坎普贝尔. 伦理型教师[M]. 王凯,杜芳芳,译. 上海:华东师范大学出版社,2011:29.

成自己的孩子来看待,也就能接受了,不去和他们计较。基于这种理解,我觉得棍棒教育的效果远远不如耐心细致的说服教育。对学生的批评就要有分寸,绝不能一棍子打死。教育的语言要有"弹性",既能让学生了解自己的缺点,又不会激起学生的对抗情绪,这中间其实是一个"度"的问题,班主任工作经验积累的最主要方面应该在此。"明事理,懂宽容,勤学习,爱劳动"和"严以律己,宽以待人,正确处理人际关系"体现了我的这一教育思想。

当然,宽容不是姑息放纵,也绝非不讲原则。宽容并不等于纵容,如果班主任一味地面慈心软,疏于管理,会致使学生纪律涣散,有恃无恐,无所顾忌,这是软弱无能的表现。比如,我班有一名学生,平时课上有爱搞小动作、说话等不良习惯。我曾几次找到他和他沟通,一次次的宽容并没有让他醒悟。一次政治课上,他又说话,并表现出不服从老师管理的态度。任课教师找到我解决此事,我当即表示,请学生家长到校,通过协商对该生做出停课反省的处理。通过此事,不但教育了该生,也警示了其他同学。宽容与严格是矛盾的统一体,宽容是另一种意义上的严格,宽容应该因人而异,因事而别。班主任应该做到:原则问题不让步,是非面前不糊涂,评判一个学生看事情的主流,心存善意要看事情的发展,教育学生要瞅准时机。对于心理素质、思想素质尚未成熟的学生,教师多给他们一些微笑少一些严厉,多一些宽容少一些指责,多一些尊重少一些约束,他们就会多一点自尊多一点自信。

多年的教育教学工作让我深深地感到:宽容是一缕阳光,照亮了学生的心;宽容是一丝春雨,滋润了学生的心田;宽容是一粒爱的种子,会在学生的心中萌芽。总之,许多学生所犯的错误并非有意,纯属是从小没有好的行为习惯所致,因此我用宽容的心态、真诚的关心与诚挚的爱来换取学生对我的信任,让学生服从管理,并帮助学生逐步形成良好的行为习惯,以此来促进班主任工作的开展。(摘自 R 老师的教育反思)

道德引领是在师生间真诚交往、相互尊重、换位思考的基础上,直抵精神世界的一种示范与召唤。道德引领要求教师把教学、人际交往、纪律、评价和课程看作潜在的道德信息的表达,充分认识到教师工作的道德维度。"我必须在公平、尊重、诚实和公正等方面成为一个合适的道德行为模范,能够真正地灌输仁慈的意识。……像我希望得到的待遇一样去对待学生。"①心存善意、真挚的关心、彼此尊重,需要教师以道德知识为基础,以道德价值为指南,以道德情感为目标去承担道德责任。

(二)将师爱渗透到育人全过程中的教育情怀

爱是教育的灵魂,没有爱就没有教育。师爱意味着关爱学生,关心、呵护学生的成长,尊重学生、理解学生、宽容学生,用爱去浇灌每位学生的成长。调研中发现,有超过七成的教师认为"爱心""尊重信任""理解宽容"是教师应具备的品质。将师爱渗透到育人过程中的教育情怀是教师文化的核心与灵魂,也是教师感受到职业幸福的源泉。

师爱不仅是一种态度,是教师高度责任感的反映,是一种具有深刻社会内容的高级情感,还是一种能力和智慧,它能让教师发现每位学生身上的闪光点。

将一名优秀学生雕琢成一块美玉,固然值得教师骄傲,然而,在从事职业教育工作的过程中,我深深地感受到,不抛弃、不放弃每一个学生,用心去感化后进生,用行动重塑后进生,将后进生从被孤立与遗弃中拉回到班级大集体中,使其重新找回自信与勇气,这才是教育工作的价值与魅力所在。

我任教的班级中有一名叫××的学生,该学生从外区一所学校转入我校学习。该学生刚刚入学便表现出了较差的学习习惯和不良的行为习惯:上课玩手机,与同学说话,扰乱课堂秩序;不听讲,不记笔记,更不用谈按时上交作业了;迟到、旷课更是常有的事情。这是一名典型的后进生。作为一名任课教师,我在高一第二学期第一节课便领教了传说中的他的"手段":班长喊起立,全班同学都能按照要求起立向老师问好,唯独他坐在座位上"稳如泰山";上课期间,他不但自己不认真听讲、记笔记,而且与相隔"十万八千里"的同学"遥相呼应",大有"席卷全班"的阵势,时不时地"胡言乱语"惹得全班同学哄堂大笑……如此种种行为,是他在课堂上的"正常表现"。面对这种情况,我感觉到,暴风骤雨般的批评对他来说并不会有什么好的效果,如果处理不当,甚至会适得其反,造成师生对立,场面会更加尴尬,局面更加不好控制。我觉得,对待××的问题,必须

① 〔加〕伊丽莎白·坎普贝尔. 伦理型教师[M]. 王凯,杜芳芳,译. 上海:华东师范大学出版社,2011:42.

转换思维,另辟蹊径,才可能收到较好效果。

课下,我并没有急于找××本人做思想工作,而是通过多种途径了解××同学各方面的信息:通过他的班主任老师了解他的家庭情况;通过周围的同学了解他平时的举动和想法;又通过他比较要好的朋友了解他在之前学校的表现。通过这些侧面了解我发现,××同学是一个典型的被老师、同学"抛弃、放弃"的后进生。这样,我首先心中有数,正所谓"知己知彼,百战不殆";同时,我也确定了对他进行转化工作的主旨思路:"不抛弃,不放弃"他,让他重新回到被关心、被关注的集体中,重拾他失去已久的自信。

机会终于来了。一次上课过程中,他依旧捣乱,依旧不听讲、不记笔记。我布置了一道练习题,要求上交并计入平时成绩。让人意想不到的事情发生了:在其他同学,包括平时成绩非常优秀的几名学生都只完成一部分的时候,××同学居然率先完成了练习题,交到我的手中。我惊奇地发现,答案完全正确。我反应异常迅速,第一意识告诉我,必须抓住这次千载难逢的好机会。我立刻暂停了其他学生手中的练习,特意安排××同学到讲台上为所有同学讲解他的解题思路。当时,××愣住了,而且红着脸不好意思地说:"我哪会讲课啊?还是叫好学生讲吧。"我立即向他投以坚定而信任的目光,并斩钉截铁地说:"在这道练习题的解答中,你就是最优秀的、最棒的,你是最有资格来讲的!来吧,我们都相信你!"一阵掌声响起,他走上了讲台,自豪地向全班同学展示他独特的作图思路,简捷、新颖的思路再次获得了同学们的热烈掌声。我分明从他眼中看到了初尝成功的喜悦与自豪,更看到了一股力量的萌生。

课后,我不失时机地找到了他,与他开始了第一次心与心的交流,进一步让他感觉到我的友好与对他的殷切期望,让他把内心的想法与感受说给我听。由此,我更加确定了我的判断:长期被"抛弃"的挫败感与孤独感是导致他现在状况的罪魁祸首。症结找到,对症下药,我开门见山:"我不会抛弃和放弃任何一个学生,当然包括你在内,今天我看到了你的聪明与潜力,那么我愿意当伯乐,让你这匹'千里马'充分施展你的才华。"当听到"千里马"这个词时,他热泪盈眶,用发颤的声音说道:"老师,您是第一个把我当作'千里马'的人,今天在您这里我才意识到我不是一无是处,我同样有价值。"

之后,××不再哗众取宠、扰乱课堂秩序,取而代之的是专心听讲,认真记笔记,积极参与课堂学习活动;课下,他"疯狂"地补以前落下的笔记。有时候,在课堂秩序稍差的时候他还能够主动协助老师维持课堂秩序——改变之大令人刮目。尤其是在期末考试中,他在半个小时内第一个独立答完所有题目,而此时其他同学还在奋笔疾书。这令监考老师很是震惊——这样一个原来不爱学习、只会给老师添乱的学生,现在学得这么扎实,真是令人不敢相信,而且这次绝对是他自己的真实水平。在后来的日子中,××同学成绩进步很大,积极参与班级和学校组织的各项活动,各方面表现均得到了老师和同学的肯定。

"天生我材必有用",每个学生都有他的闪光点和存在的价值。作为教育工作者,我们必须善于发现每一个学生,特别是后进生的优点,并使其充分发挥出来,让他们自然地融入班集体中,并感受到自己并没有被抛弃和放弃,找回失掉的信心和勇气,逐步发展成为优秀的学生。(摘自 H 老师的教育反思)

师爱是理智的爱,是升华了的母爱。"润物细无声"的关爱和鼓励会让缺少关爱的学生感受到爱的温暖,变得积极和乐观,起到良好的教育效果。

"老师,我会想您的,我一定会常回来看您的。"一个大男孩稍带羞涩地对我说。听着这句暖心的话,我心里多了许多的不舍。这个曾经让所有老师头疼的"问题"男孩,现在已经顺利拿到了大学的录取通知书,用他的话讲:"这是我做梦都没有想到的事情。"

三年前,他刚入班时,给我留下了"深刻的印象"。上课铃声已经响了十几分钟了,门突然被很用力地推开,进来一个男生。他嘴里吃着方便面,边吃边问:"我坐哪?"面对这个连报告也不喊、进门后根本无视老师存在的男生,我有些吃惊。班里同学都小声嘀咕:"他怎么那样呀?"多余的话我没说,指了指座位让他坐下。接下来的几节课,所有任课老师都向我反映:××在课上的小动作特别多,张嘴就是脏话,还特别爱迟到,给老师接话茬,每节课都往厕所跑。

面对这个让老师和同学都头疼的学生,我下定决心,走近他、了解他、帮助他。我利用一切机会和他聊天,最初他总是一副抵触的态度,任凭我和他说什么都是一个答案:从小就这样,改不了。后来我生气地反问:"怎么从小就这样?

怎么就改不了？你妈不可能一直放任你这样的？"××听完这句话后的表情和回答让我现在想起来还很不是滋味。他眼睛瞪得很大,嘴巴张得也很夸张:"开什么玩笑？我连我妈长什么样都不知道,她还管我？"然后很不屑地笑了。我从其他同学口中得知,他妈妈在他刚出生没多久就走了,他跟着爸爸和继母长大,从小缺少亲情,尤其是母爱,在他的脑海里,妈妈这个概念几乎为零。父亲给予他的也只有物质上的满足。对于做人、处事,他没有得到任何正确的引导。作为一个妈妈,我能深刻体会到妈妈对一个孩子成长的重要性,同时也能理解一个缺失家庭关爱的孩子的所作所为。从那以后,我没有再特意找他聊天,我只是时不时地问他一句:"你中午吃了什么？别总吃方便面。"晚上给他发个信息:"早点睡,天渐渐冷了,早上上学时多穿点衣服。"除了生活上的关心,我在班里也经常暗示性地表扬他,"今天咱们班××同学上课没去厕所,说明他现在的纪律意识已经有了很大进步,希望继续努力。"课下有时别的同学爱挤对他,拿他的缺点说事,我总会说上一句:"谁说的？我们××最棒了!"慢慢地我发现他有了改变,虽然课上还是有些随便,但是与刚入班时相比已经有了进步。对于这样一个孩子,一点点的进步都是值得肯定的。我要用我的真心去温暖他,用我的爱护去感化他。有一天批作业时,我很意外而且很惊喜地发现了他的作业。字体虽然幼稚,但是写得很认真。我在他的作业上写了一句话:"这是我批的最满意的一份作业,希望以后我每天都能看到。"接下来的日子里,我天天都能收到他的作业,每次都是工工整整的。看着他的作业我感到由衷的快乐。慢慢地,他变了,变得爱与人交流了,见了老师也会主动问好,上课也开始听讲了。同学们口中对他的不屑越来越少,老师们对他的肯定越来越多。春风化雨,润物无声,我的付出最终有了开头那一幕。

没有了爱的教育是干枯的;有了爱,教育就像一眼清泉,会源源不断地滋润学生的心田。(摘自J老师的教育反思)

师爱的力量还体现在教师把对学生的爱渗透到他们每个成长环节中,助力学生的发展和成长,同时建立起良好的师生关系。

对学生的关心和爱只有发自内心,才会让人感到亲切自然,也才更能打动人心。今年 11 月,我值完晚自习班后回到宿舍,刚想好好休息,电话铃声却响了起来。"老师快下来看看,××肚子疼得直哭。"我赶紧找车陪学生上医院,看着疼得皱着眉头的学生,恨不得马上能赶到医院。挂了急诊,医生开了四张化验单。我让同去的学生照顾她,就赶快跑去交费。又是抽血化验,又是拍片,楼上、楼下地跑了好几趟,说实话真有些疲惫不堪。看看表已经夜里 11 点了,本以为拿了药就可以回去了,没想到检查结果是肠梗阻,必须马上处理,而且要输液。她家是××地方的,她跟着奶奶住,这么晚了给她家里打电话,不仅 70 多岁的奶奶会着急,而且也肯定不能及时赶到医院。想到这里我只有咬牙坚持。强打着精神陪学生到输液室打上吊瓶,心理才踏实下来。其他学生早已经被折腾得没精神了,我说:"你们休息会吧! 我看着输液。"直到第二天早晨,我们才拖着疲惫的身体赶回了学校。事后她奶奶打来电话感谢我对孩子的照顾,并嘱咐孩子要多听老师的话。听着话筒里老人唏嘘的话语,我很动容。教师对学生真心的关爱,换来的不仅是学生的健康成长,更是一个个家庭的幸福与希望。(摘自 T 老师的教育反思)

二、教师文化中存在的矛盾

教师文化的价值取向在引领教师群体向上向善积极进取的同时,也存在一些问题,集中体现为部分教师面临的矛盾与困惑在一定程度上影响了其专业发展。

(一)追求效率与教育服务目标间的矛盾

一些学校的管理本位思想倾向会弥漫到教师的教学工作中,造成部分教师将效率、分数看作教学目标的全部。

在对教学效率的追求中,教学过程演变为程序化、可操作化的过程:拟订详细的讲课提纲,将完整、系统的知识进行条块分割,呈现给学生;对重要的知识点进行重点讲解;布置课后作业,通过训练、测试的方式检验学生的学习效果。为了提高教学效率,各种科学的教育教学理论与方法相继被发现和引入教学过程中:五环节教学模式、九段教学策略、掌握学习模式和先行组织教学策略等,从教学内容的优化、教学方法的改进、教学过程的组织等方面来提高教学效率，从而实现教学目的。此外，为了达到提高教学效率的目的，教师对学生的课堂形态进行全方位的"算计"与控制，学生的活动空间、身体、话语和时间等都在"算计"的范围之列，减少课堂教学"意外"的发生，减少"意外"导致的损耗。甚至在课堂的对话中，教师也掌握着对话的主导权。教师采用既定结构控制着课堂上的师生对话，美国社会学家梅汉将这一对话结构称为 IRE，即"教师主导、学生应答、教师评价"[①]。IRE 的对话结构能够保证教师将学生的应答引导到他们所希望的答案上来。

对教师的量化、规范化的管理模式也被迁移到了对学生的管理中。教师通过制定从课堂纪律到课外劳动等全方面的管理制度，依靠分管不同方面的学生干部严格执行管理制度，以保证管理活动、教学活动效率的最大化。特别是有经验的教师，往往依照这些富有成效的、有固定内容和执行准则的管理制度，减少因各种"突发状况"而造成的"管理成本"，从而提高效率，保证教育活动高效地进行。从班级管理到小组管理，从教学管理、生活管理到品德管理，量化的管理模式已经渗透到教师管理行为的各个层面，而且量的追求越来越精确，从课堂行为到日常行为，都在数字的包围中。

但从学校教育的内涵而言，"学校是为学生提供教育服务的非营利性机构，教师应为学生提供优质教育服务"[②]。学校通过提供标准化的设施条件，如学生学习生活的教室、宿舍、活动场地，教学的辅助设施，餐饮服务，安全、舒适、规范的环境空间，专业化的学习服务，与家长进行有效沟通与交流，向家长提供必要的家庭教育指导，来满足作为服务对象的学生和家长的需求。教师通过专业知识的运用促进教育对象在知识、技能、思想品德等方面的发展，以使教育对象全方面发展。学生是学校教育中最主要的"服务对象"，学校的各项工作构成了一条服务链，最主要的环节是教师将一种优质的教育服务提供给学生。这种教育服务具有"高度责任感""人性化""公平性""精神性"等特征。[③] 而管理本位的思

---

① 转引自〔日〕佐藤学. 课程与教师[M]. 钟启泉，译. 北京：教育科学出版社，2003：109.
② 郑杰. 教育服务是一项特殊的服务[J]. 全球教育展望，2003，32(1)：70-73.
③ 郑杰. 教育服务是一项特殊的服务[J]. 全球教育展望，2003，32(1)：70-73.

想倾向显然与学校是为学生提供教育服务的理念相矛盾的。

(二)人为合作与自然合作转型需求间的矛盾

哈格里夫斯研究认为,教师文化包括个人主义、派别主义、自然合作及人为合作等形式的文化。其中,人为合作的教师文化不是由教师自发形成的,而是由制度安排、人为导向缔结的,具有科层控制、固定时空、结果导向、硬性规定性和可预测性等特点。[①] 从调研情况来看,集体主义取向的教师文化鼓励、支持教师间的合作,其中不乏教师间自然、自发的合作,但部分教师也存在着人为合作的现象,主要有以下表现。

一是派别主义合作。派别主义合作即一所学校内的教师分裂为多个独立的教研团队,单个教师忠诚于或归属于其中的某个派别。[②] 目前,中小学实行教研组和年级组两种管理模式,教师们或按照年级或按照学科进行编排,集中在办公室办公。教研组和年级组成为教师合作的"小集体",教师以"小集体"为单位形成教师间的派别。在自己所归属的派别的集体研讨中,有些教师会碍于情面,害怕影响彼此之间的感情而少做评论或不做评论,使教学的个体设计、教学理念在集体研讨后的变化十分有限,甚至出现同一个派别中的教师的教学理论、教学思路相近或相似的现象,对于具有争议性的问题则可能搁置而不了了之。而教师间一旦形成了以"小集体"为单位的派别,也容易出现派别之间的相互竞争,造成教师难以进行以共同目标为核心的合作,从而淡化了教师团队合作的意愿。

二是消极合作。教师间的关系是微妙的。年级组和教研组的生活使他们朝夕相处,学校在制度上的安排确保了他们之间的合作并形成团队意识。但同时,教师之间又存在着竞争。"教师在对距离的追求与对亲近的需求之间存在某种张力——即在对边界的渴望和对帮助的探求之间存在的张力。"[③]这种张力

[①] Hargreaves A. The Emotional Geographies of Teachers' Relations with ColleaguesInternational[J]. Journal of Educational Research,2001(35):70-79.

[②] 陈桂林. 普通高中教师合作现状调查分析与建议:以浙江省×中学为例[J]. 教学月刊·中学版(教学管理),2015(9):28-31.

[③] Lortie D C. School-Teacher:A Sociological Study[M]. Chicago:The University of Chicago Press, 1975:193.

使得教师既看重彼此间的和睦关系，又关注自我在群体中所处的地位。

老师是非常重视荣誉、尊严、面子的。每年教师节我们学校面向全体师生举行表彰大会，表彰优秀教师和先进工作者。但会后很多老师不愿意了，到我们这儿来反映，说希望学校以后不要举行这样的活动。没有受到表彰的老师感到"不好意思"，他们觉得自己在学生面前丢脸了，学生会认为自己的老师不优秀；受了表彰的老师也"不好意思"，一次次上主席台领奖，感觉自己在同事中表现太突出了，虽然心里高兴，但由于受到来自同事的压力，面子上感到过意不去。所以我们今后会考虑采取别的方式进行表彰，尽量不去伤害老师的自尊心。（对 K 老师的访谈）

个人争取面子的最基本、最正当的方式是取得社会认可的成就。这种成就包括名利的获取、人际资源的建立和扩展、社会地位的提升、个人之高超能力和优良人品的展现等。[①] 但"争面子"往往也容易成为部分教师人际互动时的障碍，影响彼此间真诚的合作。

老师一般不愿意其他老师去听自己的课。都是老师，彼此存在竞争关系，你把别人的东西都学去了，你进步了，别人怎么办？比如说参加市里的一个作文比赛，年轻老师中有好几个获奖的，数量超过老教师了，你再和老教师说要去听她的课，她会说你都比我优秀了，不用听（我的）课了！我有一次指导学生参加全国的比赛拿了一等奖，我师傅（指导青年教师的老教师）只拿了二等奖。她在办公室跟我开玩笑说："你看你都可以当我师傅了，还有必要去听我的课吗？"（对 Z 老师的访谈）

教师间由于制度的规定也确实有合作，但缺少鼓励和奖励性的措施，部分教师对于利益有追求，造成有些教师在合作时貌合神离，很难进行真正的合作。这样的合作只是一种消极的合作，难以发挥合作的真正成效。

实际上我在学生的写作上是下了功夫的。我让他们每人都买了《班级成长日记》，让他们轮流读，尝试着模仿，慢慢地学生就有思路了，作文水平也提高

---

① 何友晖,彭泗清,赵志裕. 世道人心:对中国人心理的探索[M]. 北京:北京大学出版社,2007:104.

了,这个办法还是挺管用的。但要是别的老师来问我,我也不会和盘托出,毕竟这个办法是我想出来的,而且还很管用!(对 Z 老师的访谈)

哈格里斯夫指出,自然合作教师文化,是在自然状态下形成的,是基于教师之间的开放性、信赖性、相互支持和援助而形成的一种关系形式,不受行政命令的影响,也不受学校或团体意志所迫,而是源自教师内心深处的个人需要,是一种自我的愿望。[①] 这种合作文化具有主动性、积极性、自觉性、自愿性等特征,是教师合作文化发展的高层级。不少国内外学者都倡导这种合作文化,例如,利伯曼认为,自然合作教师文化有助于为教师的专业发展提供帮助,通过自发、自然的合作方式,教师之间可以学习、分享、发展他们的职业技能,还可以借助外界的专家帮助来促进教师个人的进步,从而帮助教师自我超越。国内也有专家认为,教师自然合作文化价值追求在于帮助教师在协作—共享中找寻职业生活的真谛,为教师营造一个情感交流、自由沟通、资源共享、身心愉悦的共有空间,从而实现自我、超越自我、提升自我。[②]

从教师文化健康发展的角度而言,需要教师合作文化由现行强制的、自上而下的人为合作文化向由教师自发的、自下而上的自然合作文化转型。

(三)保守与教育革新趋势间的矛盾

人类的任何实践活动中都存在着不确定因素,"实践活动有一个内在而不能排除的显著特征,那就是与它俱在的不确定性"[③]。正是这种不确定性,使得任何行动都具有危险性。这种潜在的危险性往往引起人们沉重的焦虑感。同样,教师工作是一种实践活动,其特有的不确定性一方面会激发教师的探求欲和创新动力,另一方面也会使部分教师被焦虑、不安全感等消极情绪所困扰,而造成有些教师安于现状,缺乏革新精神。

本体性安全是指"大多数人对其自我认同之连续性以及对他们行动的社会

---

① Hargreaves A, Fullan M G. Understanding Teacher Development[M]. New York: Teachers College Press, Columbia University, 1992: 226.
② 吴小贻. 高校教师合作文化论略[J]. 中国高教研究, 2006(8): 52-54.
③ 〔美〕约翰·杜威. 确定性的寻求: 关于知行关系的寻求[M]. 傅统先, 译. 上海: 上海世纪出版集团, 2005: 3-4.

与物质环境之恒常性所具有的信心"①。本体性安全源于人们在早期建立的基本信任以及随后建立的习惯和惯例。吉登斯是这样解释基本信任及习惯与本体性安全的关系的:信任关系之所以能建立,是因为婴儿确实相信照料者在离开自己之后,一定还会回到自己的身边继续照料自己。当婴儿意识到照料者的缺场并不意味着失去关爱时,便建立起了对照料者既信赖同时自己又可以独处的经验感受。因此,正是由于信任关系的建立,消除了彼此在时空上的距离感与疏离感,从而也有效地防止了种种存在性焦虑的产生。在基本信任的建立过程中,照料者所给予的惯例性的照料起到了关键性的作用。在随后的维系和加固过程中,本体性安全通过种种习惯的渗透与扩散作用而与各种常规、惯例密切相连。吉登斯认为,习惯和惯例养成后,它们成为滋养实践意识的情境,而实践意识又在不断地生产习惯和惯例。实际上,习惯和惯例就是一种日常生活的惯常化和有序化,它们总是给人们一种熟悉感和安全感。心理安全感的有无与能否预见到日常生活中那些周而复始却细小微弱的东西,有着十分密切的关联。对于每个人而言,如果生活中失去了这些惯常性、惯例性的东西,焦虑感与不安全感就会随即产生,甚至人们可能丧失或改变已经牢固地建立起来的个性与人格。习惯和惯例在实践的层面上屏蔽了我们生活中的焦虑。

在吉登斯看来,"信任是指对一个人或一个系统之可依赖性所持有的信心,在一系列给定的后果或事件中,这种信心表达了对诚实或他人的爱的信念,或者,对抽象原则(技术性知识)之正确性的信念"②。由此可见,信任包括了两个方面的内容:其一,信任基于个人的诚实程度和可靠感;其二,信任是建立在对抽象系统信赖基础上的。个人层次上的信任不是预先给定的,而是建构起来的,这种建构意味着一个相互的自我开放过程。抽象系统是指一般意义上的符号标志与专家系统。非专业人士对某个抽象系统的信任基于两个方面的保证:特定的专业人士在品行方面的可靠性和这个抽象系统本身具有的不为非专业人士所知的知识、技能。换言之,专业人员的品德与专业领域所具备的高深专

① 〔英〕安东尼·吉登斯. 现代性的后果[M]. 田禾,译. 南京:译林出版社,2011:80.
② 〔英〕安东尼·吉登斯. 现代性的后果[M]. 田禾,译. 南京:译林出版社,2011:30.

业知识是赢得人们信任的根本。

　　教师在长期的教学实践中通过模仿、传承、反思而形成各种教学惯例和惯性。这些教学惯例和惯性能使他们从容不迫地面对复杂多变、不确定的教育情境，拥有教学自信。各种教学惯性和惯例有助于教师产生本体安全感和对生存环境的信任感，"因为这种惯性暗示着一种令人感到安全、有能力、可以成功的机会"①。它能够减少教学中的种种不确定性带给教师的焦虑感。而教学复杂的工作环境也强化了教师形成的以简化的、例行公事化的方法面对复杂问题的观念。然而正是这种惯性、惯例带来的安全感，使一些教师固着于既定的模式而不愿尝试新方法、新实践，甚至拒绝教学变革（在第三章的调研中已指出了这个问题）。1990 年，美国学者托马斯·哈维对教师参与变革的障碍以及抵制变革的原因进行了系统而全面的分析，他认为教师拒绝变革的原因包括"增加负担、没有利益回报、不安全感、变革的突然性和整体性、非预期的东西带来的抵制等十二种因素"②。变革既没有固定的模式，也缺乏可资借鉴的成功经验，其结果是无法预期、难以预料的，甚至具有一定的风险性。而风险则可能打破事物原有的平衡状态，影响教师已有的惯例和惯性，挑战教师的本体性安全。有些教师害怕承受挑战本体性安全带来的危机，往往容易固守种种教学惯例和惯性，面对变革缺乏革新意识和精神。

　　大数据时代，教育面临新一轮革新。大数据时代中，教师面临多重挑战：教学方式方面，要求教学从以课程讲授为主转变为围绕"学生为中心"而展开课程设计、开发和组织；大数据素养方面，要求教师具有大数据思维，对数据保持高度敏感性，学会运用数字化工具记录教学和学生学习的过程，运用大数据动态分析学生对知识点的掌握情况及学生行为习惯等方面的变化；大数据技术的应用方面，学会运用大数据对各阶段教学的开展情况进行分析总结，及时反馈和调整教学安排。教育革新的新趋势要求教师与时俱进，抛弃已有的惯例和惯性，跟上变革的步伐，不断创新创造。

---

① 　周淑卿. 课程发展与教师专业[M]. 北京：九州出版社，2006：7.
② 　转引自韩登亮. 教师阻抗学校变革的理性思考[J]. 当代教育科学，2011(1)：3-6.

第五章　教师文化的完善策略

　　文化可以有多种不同的界定,尽管人们对文化的界定存在分歧,"但是人们基本上认同文化包含着群体成员思考社会行动的方式,文化还涵盖解决集体生活中的问题的各种选择"①。从第四章的分析我们可以看出,教师文化总体积极健康,形成了一些较好的价值取向,但在部分教师间也存在一些矛盾性的问题。要消除教师文化现状中存在的消极因素,创建一种有利于教师安心、自由、舒畅地工作的氛围,有利于学生健康发展的文化氛围,需要探索路径与策略,完善教师文化。

　　教师文化的完善策略应当围绕教师和学生展开,用"教育是一种服务"的理念来进行设计,让教师和学生重回其教育主体的地位,使学生成为学校教育中最主要的服务对象,真正实现"一切为了学生,为了一切学生,为了学生的一切"。这需要政府、学校、教师三方围绕为学生提供优质教育、优质服务进行努力。基本思路为:建设以提供优质公共服务为导向的服务型政府,政府通过制定和落实政策、完善教师待遇机制为学校、教师和学生提供优质的公共服务;建构以服务为取向的学校文化,树立为教师和学生服务的理念,为师生提供优质的管理服务;向以自然合作、服务为取向的教师文化转型,实现教师的专业发展,为学生提供优质的教育服务。由此,打造一条优质的教育服务链,逐步消除教师文化中的消极因素,实现教育"成人"的目的。而真正"成人""成才"的学生又能更好地为社会服务,激励政府、学校、教师更好地为学生服务,从而形成良性循环(图 5-1)。

----

① Lortie D C. School-Teacher: A Sociological Study[M]. Chicago: The University of Chicago Press, 1975:216.

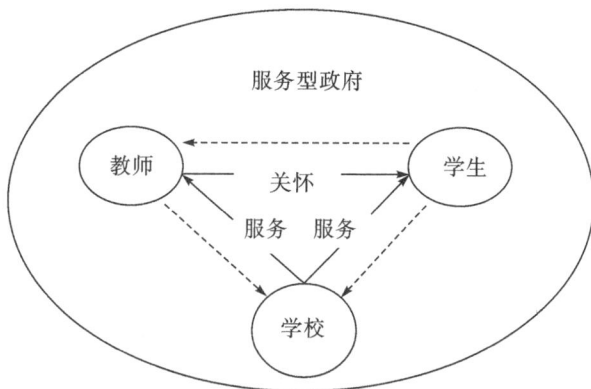

图 5-1　教师文化完善模型

第一节　建设以提供优质公共服务为导向的服务型政府

对于教育问题，萨拉森曾说："没有任何一个主要的教育问题仅仅是一个'系统内'的问题。"①教师文化中出现的矛盾性问题并不仅仅在于教育系统自身，它与政府的管理、制度的制定、政策的落实等有着千丝万缕的联系。政府组织拥有的权力是为适应社会公共需要、处理公共事务而产生的，是一种公共权力，政府组织所掌握和运用的资源是一种公共资源，政府组织所提供的产品是一种公共产品。② 这些要素决定了政府组织的核心是提供公共服务。因此，政府应实现从管理到服务的思维模式转变，以建设服务型政府为目标，扮演好服务者的角色，围绕教育公平、教育秩序、教师队伍建设等进行统筹规划、政策引导、监督管理，提供公共教育服务。为此，政府应通过提高教师地位吸引最优秀的人才到教师队伍中来、培养和选拔具有服务意愿的校长和教师、完善与落实

---

① 转引自〔加〕迈克尔·富兰. 变革的力量：透视教育改革[M]. 中央教育科学研究所，加拿大多伦多国际学院，译. 北京：教育科学出版社，2004：113.

② 彭建平. 公共服务：政府存在的合法性基础[J]. 决策咨询通讯，2009(4)：84-87.

教师待遇保障机制等措施来发挥服务职能。

一、吸引最优秀的人才到教师队伍中来

优质的教育建基于优秀的人才,一流的人才才可能提供优质的教育与服务。在调研中发现,教师对于"假如让您再一次选择,您还会选择教师职业吗?"这一问题,有 29.4% 的人选择"会",有 56.0% 的人表示"很难说";对于"您有过改行的想法吗?"这一问题,有 14.6% 的人选择"一直有",有 64.5% 的人选择"偶尔有过"。这说明教师职业具有一定的吸引力,但能否吸引最优秀的人才从教呢? 在中小学,特别是经济欠发达省份和偏远地区的中小学,高水平、高素质、具有现代教育理念的优秀教师较为匮乏。为此,政府应通过制定政策、营造尊师重教的氛围等措施,提升教师的政治地位、社会地位、经济地位和职业地位,吸引优秀人才选择教师职业。

2018 年 1 月 20 日颁布的《中共中央 国务院关于全面深化新时代教师队伍建设改革的意见》(以下简称《意见》),对我国教师队伍建设提出了明确的目标,即通过五年左右的努力,使教师职业的吸引力明显增强,教师队伍的规模、结构、素质能力基本能满足各级各类教育发展的需要。再通过十多年的努力,到2035 年,教师综合素质、专业化水平和创新能力大幅提升,培养造就数以百万计的骨干教师、数以十万计的卓越教师、数以万计的教育家型教师,能使广大教师在岗位上有幸福感、事业上有成就感、社会上有荣誉感,让教师成为让人羡慕的职业。

"优秀的人才需要优秀的教师培养",提高教师的信任度和美誉度需要以优秀人才为基础。而更为重要的路径是提高教师待遇和教师入职门槛,使教师职业真正成为人人向往的职业。从社会交换的角度来看,教师职业流动性不大,而且教师工作繁忙、压力较大,这就意味着成为一名教师要投入相当大的成本与代价,而如果没有与投入相平衡的回报是难以吸引优秀人才加入教师队伍的,因为"专业人士的较高声望和更为有意思的工作——即使他们的收入不高于其他职业的人员——将为招收充足的有志之士提供充分的报酬,但是如果不

是为了较高的报酬,人们就没有动力做出成为一名专业人士所必需的较大的投入"①。提高教师待遇不但是对教师付出的一种报偿,而且能够给予教师安全感、满足感,为他们投身教育事业提供一种制度保障。有学者提出"教师应成为国家教育公务员"②,这样不但可以大幅提高教师的收入待遇,而且能够吸引更多优秀的学生报考师范类院校,这也意味着可能会出现"考教师资格证热"的现象,教师的入职门槛和专业素质必将大幅提高,教师队伍的整体素质势必大幅提升。高水平的师资是基础教育质量的保障。我们还可以借鉴其他国家的做法,通过提高教师的学历水平来提升教师整体水平。例如,英国政府要求所有教师至少拥有硕士学位。挪威政府要求从事教师职业的人要有一个专门的教师学位。③ 芬兰的教师选拔制度是全世界最严苛的,严格的面试是进入师范学校的必由之路,而师范类院校在全国的录取率仅有 10.0%。据芬兰《赫尔辛基邮报》调查,芬兰年轻人最向往的职业就是教师。芬兰民众对中小学教师敬重和向往的程度,甚至超过总统和大学教授。④

二、选拔具有服务意愿的校长和教师

如果把教育看作服务,那么教育服务是一种针对人的思想与精神的无形行为,而"任何触动人们思想的东西都有能力改变人们的态度,影响人们的行为,所以,当顾客处于依附状态或存在控制他们的可能时,就需要强有力的道德标准和密切的关注"⑤。因此,校长和教师是否具有服务意识与服务理念是关键所在。校长是学校的管理者,校长的管理理念决定了学校的发展方向,校长的主要职责在于保护师生的利益,为保证学校的正常运转创造各种有利条件,其重点在"理"而不在"管"。校长应当以服务者的角色融入学校,在学校的管理中贯

① 〔美〕彼得·布劳,马歇尔·梅耶. 现代社会中的科层制[M]. 马戎,等译. 上海:学林出版社,2001:232.
② 周洪宇. 教师应成为国家教育公务员[J]. 教育与职业,2009(34):1.
③ 郭丽丽. 21 世纪北欧五国基础教育课程改革的背景与特点[J]. 教育学术月刊,2010(10):73-76.
④ 朱永新. 切实提高地位待遇 增强教师职业吸引力[J]. 中国教育学刊,2018(4):1-4.
⑤ 〔美〕克里斯托弗·H. 洛夫洛克. 服务营销[M]. 陆雄文,庄莉,译. 北京:中国人民大学出版社,2001:28.

彻服务思想,积极为教师和学生的发展提供支持性的发展环境。萨乔万尼就明确地阐述过学校管理者的职责:"管理的字根是'伺候',教育管理者有责任为学校的需要服务,并通过对家长、教师、学生服务来体现'伺候',教育者以一种鼓励他人成为权力范围内的领导者的领导方式来提供'伺候',教育管理者通过突出学校的价值体系和保护学校的价值体系来提供'伺候'。"①因此,政府应当选拔具有服务意识和服务理念的人作为校长人选,推行校长职业化。

由于教育服务的对象——学生是一群处于未成年状态的人,教育的目的是对其施加教育影响,因而学生往往处于被控制和依附的地位,这就决定了服务者——教师必须具有高度的责任感和道德感。就像美国学校咨询协会声明其首要的责任是对学生负责一样,教师的首要责任是对学生负责。因此,在招收师范生和进行教师资格认证时,应将是否愿意为学生服务、是否能够对学生的身心健康负责放在选拔的首位。例如,澳大利亚全国教师教育认证标准中的毕业标准的三个维度之一是专业承诺②,全美专业教职标准委员会在对教师资格进行认证时突出强调"教师效力于学生及其学习"③这样一个核心命题。

选择具有服务意愿的人加入教师队伍,并要求他们理解及自觉成为学生的道德楷模的重要性。正如坎普贝尔所言,"为了在道德上和伦理上成为年轻人的引导者,教师必须理解他们作为伦理专业人员所扮演的复杂的道德角色,并理解他们关心学生而采取的行动和决定的重要性"④。当真正有爱心、有伦理责任、愿意为孩子奉献的人进入教师行列后,不但能提高教师队伍的素养,而且能提升教师行业的公信力,"对教师而言,责任的增加是以减少免受公众审查的特许的形式呈现的"⑤。

① 转引自杨晓奇. 学校管理:校长应尽快提升五种意识[J]. 中国教师,2008(4):54-55.
② 汪霞,钱小龙. 澳大利亚教师教育及其课程标准的改革[J]. 全球教育展望,2012(8):38-43.
③ 赵中建. 美国80年代以来教师教育发展政策述评[J]. 全球教育展望,2001(9):72-78.
④ 〔加〕伊丽莎白·坎普贝尔. 伦理型教师[M]. 王凯,杜芳芳,译. 上海:华东师范大学出版社,2011:156.
⑤ Lortie D C. School-Teacher:A Sociological Study[M]. Chicago:The University of Chicago Press,1975:222.

三、完善与落实教师待遇保障机制

完善与落实教师待遇保障机制，确保教师生活无虞，是促进教师全身心投入教育事业的前提条件。《意见》对完善中小学教师待遇保障机制做了全面部署，最重要的内容就是健全中小学教师工资长效联动机制，核定绩效工资总量时统筹考虑当地公务员的实际收入水平，确保中小学教师平均工资收入水平不低于当地公务员的平均工资收入水平。可以说，《意见》从宏观层面对中小学教师的工资待遇进行了符合实际的顶层设计。2020 年 7 月 1 日，国务院教育督导委员会办公室开通的"义务教育教师平均工资收入水平不低于当地公务员平均工资收入水平举报平台"是政府在落实教师待遇保障机制方面具有针对性的举措。

教师待遇是确保教师安心进行工作、生活的前提与基础。但是，一些地方仍然存在各种教育政策法规没有落实到位的现象。例如，教师工资补贴被长期拖欠，违规挤占、挪用教育经费造成教育经费短缺等现象仍时有发生。国办督查室派员赴贵州省××县明察暗访发现，××县自 2015 年起即拖欠教师工资补贴，截至 2020 年 8 月 20 日，共计拖欠教师绩效工资、生活补贴、五险一金等费用 47961 万元，挪用上级拨付教育专项经费 34194 万元。[1] 这种现象严重损害了教师正当权益，也与《意见》要求内容相左。

对于教师的待遇和正当权益，不同层级的政府部门要采用不同手段和方式予以保障。中央政府应做好顶层设计，通过巡视、监督、考核等手段确保地方政府予以落实，教育行政部门要切实履行整体规划和统筹安排的职能，其他行政部门（如发展改革、财政、编制、人力资源社会保障部门）要通过制定措施确保相关配套教育资源的投入。另外，对于有些地方政府不重视、落实不到位的现象，一方面，国家要加大宣传力度，利用社会舆论提高地方政府对于落实保障教师待遇机制的重视程度；另一方面，还可以通过要求地方政府定期晒教育账单的方式予以监督，对不落实政策、不保障教师待遇的地方政府予以严惩。

---

[1]　关于贵州省毕节市大方县拖欠教师工资补贴 挤占挪用教育经费等问题的督查情况通报[EB/OL]. http://www.gov.cn/hudong/2020-09/04/content_5540680.htm,2020-9-4.

第二节　建构以服务为取向的学校文化

在每种文化中,都有一些达成共识的假设:人的本质是什么,人的本能有哪些,哪些行为被视为不人道的而导致个体被团体驱逐出去。麦格雷戈的 X、Y 管理理论分别建立在不同人性假设基础上。X 理论的管理者认为人是懒惰的,因而需要经济刺激进行激励,需要不断地、持续地监督进行控制。Y 理论的管理者认为人主要是依靠自我激励,因此人们需要挑战和引导,而不需要被控制。X 理论假设员工在本质上是与组织有冲突的,而 Y 理论认为构建一个员工需要、团体需要的和谐、统一的组织是可能的。同样地,教师文化也是在管理者对教师的人性假设基础上形成的。教师文化中的高权力距离、强不确定性规避、阳刚气质和集体主义等取向都与管理者所持的 X 理论有密切关系。因此,在学校建构以服务为取向的组织文化,首先需要管理者改变其人性假设,即用 Y 理论替代 X 理论。

满意的教师队伍有助于产生满意的"顾客"——学生。有证据表明,如果服务人员在工作中感受不到快乐,那就很难让顾客满意。有研究进一步表明,服务氛围和为员工谋福利的气氛与顾客总体服务质量感知度相关。换言之,服务氛围和员工在组织内部所体验的人力资源管理会在顾客体验的服务中得到反映。[①] 如果把学生比作顾客,教师在学校组织内所感受和体验到的管理会在他们对待学生的态度和方式上体现出来。因此,为学生提供优质教育,学校首先应为教师提供优质服务。美国在 1986 年颁布的一份教师教育政策报告——《准备就绪的国家》中提出了教师教育政策改革的八项建议,其中有两条突出了学校为教师提供服务的主题:一是对学校进行改组以便为教师提供一个良好的教学环境;二是提供必需的技术、后勤和服务人员,为教师提高工作效率服务。[②]

---

① 〔美〕瓦拉瑞尔·A. 泽丝曼尔等. 服务营销[M]. 张金成,白长虹,等译. 北京:机械工业出版社,2012:253.

② 赵中建. 美国 80 年代以来教师教育发展政策述评[J]. 全球教育展望,2001(9):72-78.

显然,学校为教师工作和提供服务已成为一种实践和行动。建构以服务为取向的组织文化,学校应从以下几方面入手。

一、优化学校的组织结构

建构以服务为取向的学校文化,营造优质服务的氛围,需要优化组织结构,形成以学生为中心,教师为学生提供优质教育和服务,学校为教师提供优质服务的扁平化组织结构。扁平化组织结构,即减少中间管理层,收缩行政组织结构,简化管理层次,尽可能将决策权下移,让教研组、年级组和教师拥有充分的自主权、选择权,并对各种决定产生的结果负责,形成上层、中层较少,基层较大的组织结构。"扁平化的组织结构是一种柔性化分权式结构,管理者与被管理者之间的层级减少,管理的幅度较宽,信息流通平等自由,组织成员参与工作的积极性、主动性较高。"[①]扁平化组织结构利于优化科层制管理模式,将学校管理的科层性限定在合理范围内,通过简化组织结构层次,减少管理环节,采用分权式管理,强化责权的对等,让教师拥有充分的专业自主权和专业发展主体性,利于激发教师专业发展的活力和创造性。"扁平化的学校组织结构能够消除机械、被动、控制、刻板、程式化对教师工作、学习和生活的压抑和戕害,唤醒教师的个性、主动发展、创新和合作精神。"[②]建构扁平化的组织结构包括以下几个方面。

一是优化组织层级结构。将校长—副校长—教导处—教研组、集备组—教师的五层次管理改为校长—年级组或集备组—教师的三层次管理,减少由于中间管理层过多而对教师教学和专业发展的干扰。学校在机构设置方面,要充分整合原有部门职能,淡化行政级别,提升教师的专业地位,逐渐下移决策权,增强服务意识,最低限度地保留行政性管理机构。例如,由于年级组承担的事务(教学活动、教师管理、学生管理、各种考核等)较多,可以提升年级组的管理职能,将年级组提升为与教导处、学生处、团委等平级的中层部门。减少中间环节,可以使校领导层的决策很快传达到教师层,提升年级组的管理效率与效能

① 张建东. 公共组织学[M]. 北京:高等教育出版社,2003:75.
② 骆增翼. 促进教师专业发展的理想学校组织特质[J]. 当代教育科学,2017(9):37-43.

的同时,也激发了年级组管理的积极性。为了减少教务处和教师间的"隔膜",可以将教研组的职能纳入教务处,由教务处与教师直接对接。一方面,教务处可以直接掌握教师教学与专业发展中出现的问题,发挥教务处作为职能部门的服务功能;另一方面,教师可以在教务处的指导下将更多的精力投入教育教学。中间管理层减少,可以使教师间的合作性、协调性、主动性增强,也可以让校领导层更容易掌握教师在教学、学生管理中出现的问题,并及时化解;此外,学校中层机构的简约化、人员的精干化,可以简化管理流程,减少教师在教学和专业发展中受到的不必要的行政干扰。

二是建立教师工作坊或开放论坛。教师在教育实践中会遇到种种困惑,教师在长时间情感付出的过程中也需要排解一些消极的情绪情感,因此,学校需要给教师们提供能够进行集体讨论、交流的时间和空间,建立教师工作坊或开放论坛就是这样一种方式。教师工作坊或开放论坛包括教师专业发展论坛、读书会或沙龙、教学研究小组或社团等形式。在工作坊或开放论坛中,教师们可以定期表达他们在与学生、家长、同事和管理者相互沟通的过程中遭遇的种种困惑。教师们可以展开讨论,共同分享困境,并共同探索解决的路径。教师还可以鼓起勇气,开诚布公地以专业、尊重的方式坦然面对那些有不当行为的同事,提出自己的看法与观点,并希望同事能够加以完善与修正。在教师工作坊或开放论坛中,教师可能会发现同事和自己面临相同的问题,自己是不孤单的,由此增添了教育信心与教学勇气。即便教师工作坊或开放论坛不能解决实际问题,但至少为教师提供了一种宣泄情感的渠道,教师通过表达与交流能够排解自己的消极情绪。学校要通过政策制定、经费支持、聘请专家指导等方式予以鼓励与培育,引导教师工作坊逐渐完善,从而使教师在这些由于共同的兴趣、爱好、主题等结成的非正式组织中获得归属感。

二、建立以人为本的组织运行机制

要建构以服务为取向的学校文化,不仅要优化组织结构,还要通过建立以人为本的组织运行机制予以保障。

（一）从控制走向赋权

一个机构、组织的运转实质上是权力的调配与运行。学校在科层制管理模式下，往往依靠自上而下的行政式命令来落实教学管理等事务，通过各种制度、规章、考核、奖惩来规范教师的教育教学行为。调研发现，教师拥有的专业权力是非常有限的。此外，教师拥有的管理决策权也是十分有限的，仅仅在制定班级（课堂）纪律、使用班级经费方面有一定的决定权。由于权力过分集中在校领导和各职能部门手中，教师无法参与学校决策、标准、规章的制定过程，造成有些教师由于不了解各种政策的真实目的而缺乏支持和执行的动力，也容易导致管理者与教师之间产生对立情绪，从而影响学校各项工作的开展。

但是当组织的运行从控制走向赋权时，情况就会发生变化。首先，人们有追求权力的心理需求，如果一个人感到自己有能力影响某些事情的时候，那么他就获得了一种心理安全感。康格和卡纳格的研究认为，人们对权力的向往"源自个人内心的期望需求与动机"①。这就要求学校管理者充分意识到教师的这种心理需求，赋予教师更多的专业自主权和管理决策权，满足教师的心理需求。教师心理需求的满足所产生的心理安全感将有助于教师形成组织归属感。其次，教师如果在学校决策中拥有一定的话语权，就可以产生主人翁意识。当赋予教师一定的参与学校决策权时，他们会对学校产生强烈的责任感，尤其是当教师感到自己的力量可以对学校发展产生影响时，就会对学校产生认同感和归属感。再次，赋权能够使教师对工作和自我产生良好的自我效能感。给予教师决策的权力和控制力会使他们对工作高度负责并掌握主动权。而当教师感到对工作有控制力并认为工作有意义时，他们就会产生自我效能感，从而形成低流动率和低缺勤率。赋权意味着教师可以和管理者平等分享权力，从而使学校的管理模式由垂直化向扁平化方向发展，提升教师在学校管理和决策方面的地位、作用。校领导层向中层管理者赋权，各职能部门向教师赋权，赋权的过程不仅是教师分享权力的过程，还是教师承担责任、履行职责的过程。它能让教师深切地感受到自己不仅要对学生进行知识传授，还需要对学校、对学科进行

① 康晓伟. 西方教师赋权增能研究的内涵及其发展探究[J]. 比较教育研究，2010(12)：86-90.

负责任的、高水平的专业引领,从而使教师能够在职业生涯中收获充实感和信任感。

(二)改革教师评价体系

改革教师评价体系对于实现"教育是一种服务"的理念,建设以服务为取向的学校文化,转变教师观念,提升教师的专业化水平,回归教育的本源至关重要。

目前我国主要有奖惩性教师评价和发展性教师评价两种评价模式,这两种评价模式各有利弊。例如,有学者认为合理的奖惩性教师评价有助于成为教师职位升迁、发展和进步的动力,但其局限性在于强化了社会、学校等外在发展需要,忽略了教师内在发展需要;发展性教师评价有助于将教师评价服务于教师的个人发展,强调对教师的尊重和信任,但其弊端在于以教师发展为价值取向取代了以学生身心发展为价值取向,颠倒了教育目的与手段的关系。[①] 实际上,不论是奖惩性评价注重教师业绩的考核还是发展性评价服务于教师的个人发展,其共同的问题在于没有把为学生服务、学生的发展作为评价的核心。由于评价目标不是指向学生而是指向教师,容易出现教师工作的"两张皮"现象,即形式上以学生为中心,实质上仍以教师自我为中心。因此,改革教师评价体系,实施以学生的健康发展、为学生服务为目标的评价制度对于提升教师专业化水平、实现优质服务、发展优质教育至关重要。

在设计教师评价体系时应从关注教师的表现转向关注学生的表现,例如,目前国外新发展的教师评价体系主要关注"学生需要知道什么和能够做什么?为了满足学生的学习需要,教师能做什么?在学生学习效果方面教师获得成功了吗?教师下一次应该怎样上这堂课"[②],把是否满足学生的需要作为评价的主旨;采取多元主体评价,将家长、学生、同行、管理者和教师本身都纳入评价体系,将自评与他评相结合,做到家长满意、学生欢迎、同行钦佩、管理者认可、自我认同,如此评价出来的教师会更令人信服;将奖惩性评价与发展性评价、动态

---

① 李润洲. 对教师评价的审视与反思[J]. 天津市教科院学报,2003(3):15-18.
② 张辉华. 国外教师评价新动向[J]. 外国中小学教育,2002(6):36-38.

评价与静态评价、结果性评价与过程性评价结合起来，充分、客观地反映教师的工作。

三、塑造服务型领导

领导者是学校组织文化的创立者和塑造者，领导者的类型会深刻影响学校组织的运行效率、学校的工作氛围和教师工作的积极性。要建构以服务为取向的学校文化，需要塑造服务型领导。服务型领导改变了学校管理中科层式的领导模式，勾勒出学校领导为教师服务、教师为学生服务的服务文化路径。塑造服务型领导，可以从以下几方面进行。

（一）管理教师的情感

情感付出一词由阿里·霍克希尔德提出，意指提供优质服务所需的体力与脑力技能之外的劳动。[①] 这种劳动包括微笑、视线接触、表示真诚、说出关心的话语。情感付出要求员工把对顾客友好、礼貌、体贴以及随机应变的情感（常常要求他们压抑自己真实的情感）倾注于工作之中。

教师职业是一项需要付出情感的工作。教师需要长时间、频繁地接触学生，言语抑或身体姿态都能表达教师的情绪、情感，或兴奋、高兴、愉快、喜悦，或愤怒、气愤、低落、烦闷等。教师面对学生，需要积极的情感付出，如爱心、关心和耐心。人如果长时间地保持一种积极情感状态，容易压抑自我的真实情感，出现烦躁不安、缺乏耐心等消极情绪。因此学校领导要对教师情感进行疏导，使教师能够积极面对工作，真诚地关心、热爱学生和同事。

学校领导的领导行为与风格是影响教师情感的重要因素。服务型领导能够将教师的利益置于自身利益之上，他们把领导职位看成帮助、支持和协助他人的机会，追求的不是自己被员工服务，而是如何去服务员工。他们是从欣赏教师而不是控制教师的角度出发去与教师沟通，关心教师的工作生活需求，能够及时了解与发现教师遇到的各种困惑，及时化解教师的负面情绪、情感。服

---

① 〔美〕瓦拉瑞尔·A.泽丝曼尔等. 服务营销[M]. 张金成，白长虹，等译. 北京：机械工业出版社，2012：255.

务型领导以人为本,重视营造友好、和谐的工作氛围,重视教师的专业成长和专业发展,不但能极大地提高教师的工作积极性,而且容易让教师对学校组织产生信任感、认同感和归属感。由此,教师的心理满足感和积极正面的情绪、情感会相应增加,而消极负面情绪则会减少。

(二)营造适宜、舒适的工作环境

"刺激—有机体—反应"理论认为,环境的要素会影响人的反应及其行为方式。[①] 刺激是指环境要素,人是能够对刺激做出反应的有机体。人们在认识、情感和生理上会对所处的有形环境产生反应,这些反应将影响他们在环境中的行为。环境是一种非语言交流形式,能够通过一些"客观信息"传递信息,影响人们对环境中的人的信任。环境还能够引起情感方面的反应。环境心理学家研究认为,任何环境都会引起两个方面的情感:高兴与不高兴、唤起程度(即刺激或兴奋程度)。既令人愉快又有唤起作用的环境为兴奋型;令人愉快但没有唤起作用,或者说使人昏昏欲睡的环境为放松型;有唤起作用但令人不愉快的环境为苦恼型;令人不愉快且使人昏昏欲睡的环境为抑郁型。此外,环境中的声音、温度、空气质量、颜色、光线、桌椅的舒适度等都会引起人的各种生理反应。因此,学校领导需要提供一种让教师感到轻松、舒适、温馨的工作环境。由于教师每天需要在办公室长时间工作,宽敞、明亮、空气流通、有绿色植物的环境对于教师保持积极的情绪、情感状态非常重要。另外,由于教师是集体办公,还要考虑到办公环境的私密性与沟通性。上海某所中学的教师办公室别具一格,采用公司式的格子间格局,将同一年级组的几十位教师集中在同一个大房间工作,每人有自己相对独立的小空间,同时又便于教师们的沟通与交流。此举已被多所学校借鉴或仿效。[②]

(三)经常深入教学第一线

如果管理者高高在上,通过坐在监控室里来了解课堂,通过检查教师的教

---

① 〔美〕瓦拉瑞尔·A.泽丝曼尔等. 服务营销[M]. 张金成,白长虹,等译. 北京:机械工业出版社,2012:231.

② 黄燕. 中国教师缺什么:新课程热中教师角色的冷思考[M]. 杭州:浙江大学出版社,2005:182.

案来了解教师的备课情况,通过教师上交的笔记来了解教师的学习情况,通过给学生发放问卷来了解教师的教学情况,通过广播、会议来传达和下发各种规章和指令,就难以了解和认识一线教师。教师如果只有去办公室才能见到管理者,如果在管理者面前不敢表达自己的真实想法,等等,都难以让管理者真正了解和认识一线教师。科层式组织文化重视组织的严密性和可控性,组织层级区分显著,上下级角色明确,强调管理者的权力和地位,往往采用从上而下的方式进行命令和管理。这种类型的管理者与教师文化中的高权力距离、人为合作取向有着密切的关系。有研究者通过实证研究发现,服务型领导与权力距离大、等级分明、集权独断、传统守成、惧怕变革的组织文化不匹配。[①] 因此,要建构服务文化,学校管理者应把自己定位于服务者的角色,经常深入课堂、教师办公室,及时发现问题、解决问题,经常与教师交流和沟通,了解他们的需求,教师就能真切地感受到管理者的理解、关心和支持,这些都将成为教师工作的动力,并利于保持积极、健康、舒畅的心态。

(四)激励教师工作

集体主义倾向的教师群体重视面子、尊严,因此教师的工作需要鼓励和激励。学校没有任何激励措施,一方面会导致教师工作倦怠,另一方面可能会造成教师的流动。教师的流动,尤其是好教师的流失,可能会给家长的满意度、信任度、教师士气和整体的教育质量带来一定的影响。因此,服务型领导需要采取激励措施为教师提供满意的服务。

一是将教师纳入学校的愿景。愿景是在人类组织中可以把不同的人联结在一起的唯一的、最有力的、最具激励性的因素。[②] 共同愿景是一个组织成功的必要元素,它是团体中成员真心追求的愿景。学校愿景是对学校未来发展蓝图的描绘,是全校师生的共同愿望。教师如果不明确学校愿景并积极投入其中,可能会造成教师的工作缺乏目的性,容易对工作无成就感。因此,要激励教师

---

① 邓志华,陈维政. 服务型领导、组织文化与员工绩效的关系研究[J]. 西南民族大学学报(人文社会科学版),2015,36(04):140-146.

② 〔美〕戴维·W. 约翰逊,罗杰·T. 约翰逊. 领导合作型学校[M]. 唐宗清,等译. 上海:上海教育出版社,2005:52.

并使教师对追随和支持学校目标感兴趣,就必须让他们理解和分享学校的愿景。教师需要理解他们的工作是如何与学校及其宏伟蓝图发生联系的。例如,某校愿景为"文化丰厚的岛城名校,科技创新的品牌初中,特色鲜明的快乐学园",校方虽然通过邮件方式将愿景传递给了每位教师,但很多教师实际上对学校的愿景仍然是不明确的。如果教师不明确学校的愿景,他们就难以将个人愿景融入学校愿景并自觉地向学生传播。因此,学校管理者需要走出自己的小天地,不断与教师交流、沟通,和他们共享学校发展的方向与规划。直接面向教师的沟通会增加教师的价值感和对学校的投入。当愿景和方向非常清楚并且激动人心时,教师将可能与学校沿着通往愿景的道路共同前行。

二是把教师当作顾客对待。如果教师感到他们有价值,他们的需求被人重视,就会对学校产生信赖感,并能安心地工作。"组织提供给员工的产品是岗位(与各种利益)和工作生活的质量。"①同样,学校不仅应提供给教师教学的岗位和相应的待遇,还应提供给教师有质量的工作与生活。学校应该进行人性化管理,定期了解教师对岗位和生活的需求,评估教师的满意度和需求。例如,当教师的个人生活遇到困难时,及时给予关心和帮助;对教师的工作地点和工作时间的安排具有一定的弹性。不仅关心教师的工作,而且关心教师的生活,并致力于改善教师的生活质量,这样才能激发教师工作的动力和增强他们对工作的投入。

第三节　教师文化的转型

通过第三章、第四章的研究分析发现,教师文化中存在不少积极、合理的成分,但也存在着一些消极因素。教师文化是学校文化的核心,教师的发展影响学校的发展,更关涉学生的发展,因此,教师文化需要转型,融入更多合理、积极的元素,促进教师健康发展。教师文化的转型,需要政府转变职能,为教师专业

① 〔美〕瓦拉瑞尔·A.泽丝曼尔等.服务营销[M].张金成,白长虹,等译.北京:机械工业出版社,2012:269.

发展提供健康发展生态,也需要学校建构以服务为取向的组织文化,为教师文化的转型营造良好环境,当然,更需要教师文化向以自然合作、服务为取向的教师文化转变。

一、向以自然合作为取向的教师文化转型

通过第三章的分析可发现,教师间的合作频率较多,这其中有人为合作,也有自然合作。而教师在教研组文化和年级组文化的影响下,容易形成"人为合作文化",即教师间的合作关系以学校组织行政命令方式推行的居多,如师徒合作、集体备课,容易造成教师为了合作而合作,难以实现教师间真正的经验分享与交流。因此,人为合作的教师文化需要向自然合作的教师文化转型。

哈格里夫斯认为,教师自然合作文化是教师在日常生活中自然而然生成的一种相互开放、信赖、支援性的同事关系,它具有自发性、自愿性、发展取向性、超越时空性、不可预测性五种特征。[1] 哈格里夫斯进一步指出,教师自然合作文化是教师在工作中自发形成的、不受时间和场域的限制、有助于教师专业发展、合作的成效不能简单预期的教师文化。李特尔等人通过研究证明,教师自然合作的目标在于促进教师的专业发展和学校的整体发展。[2] 教师自然合作文化以发展为旨归,旨在为教师营造一个资源共享、情感交流、身心愉快的共有空间,使教师在合作—分享中找寻到教师生活的真实意蕴,从而达到实现自我、提升自我、超越自我的专业发展目标;通过倡导合作基础上的适度竞争、竞争中的团结进而合作,提升教师整体的学习能力和发展能力,促进学校的发展和学生的发展。

教师工作建立在教师们相互合作、相互配合的基础上,始终需要教师间的沟通、交流与协作。建构自然合作文化,就是要为教师合作提供良好的合作氛围,以利于解决教师职业倦怠问题。自然合作的氛围有助于减轻教师的压力感

---

[1] Fullan M, Hargreaves A. What's Worth Fighting for in Your School? [M]. Ontario: Ontario Public School Teachers' Federation, 1991:105.

[2] Fullan M, Hargreaves A. What's Worth Fighting for in Your School? [M]. Ontario: Ontario Public School Teachers' Federation, 1991:105.

和紧张感,感到被支持和有团队做后盾的教师能够有效地消除孤独感。教师间自然合作的形式是多样的:可以打破教研组和年级组的边界,教师以共同的旨趣、共同的愿景结合成合作的群体,开展教案设计、课件设计、对话内容设计等方面的合作;可以利用教学观摩、业务学习进行专业交流以促进专业发展;可以采取师徒形式对新入职的教师进行指导;可以鼓励教师在学校范围内换班授课的方式,减少"蛋箱式"工作方式导致的相互隔离性,并促进教师间进行更密切的交流。教师间的自然合作,能够使教师超越个人反思的局限性,从同伴和群体中获得更多的专业发展所需要的工具性支持和情感支持,从而有助于提高教师的专业水平与专业能力。教师间的自然合作,有助于教师面对教育教学中的种种不确定性,通过沟通、讨论、交流及合作协商的方式予以解决,从而形成相互切磋、合作共事、相互信任、相互尊重、相互认同、相互负责的团队氛围。

二、向以服务为取向的教师文化转型

服务是第三产业广泛使用的一个概念,是从客户或用户的角度出发生产商品并提供帮助、解决问题的一种社会劳动。教育是以影响人的发展为目标的社会活动,它的实质是为人的健康发展服务。教育所提供的服务是产品,这种产品既具有使用价值,也具有交换价值。学校及教育者是教育服务的主要生产者,家长、学生、社会则是教育服务生产的消费者和需求者。教育是服务,学生则是学校教育中最主要的服务对象,学校的各项工作就构成了一条服务链,最主要的是由教师将一种优质的教育服务提供给学生。有学者曾明确提出:"新教育的本质,就在于它具有了前所未有的鲜明的服务性质,它是为学习服务、为学生服务的。"[①]正是由于教育的服务性,才使得教师职业的目标在于"提供专门性的社会服务"[②]。

"提供重要的社会服务"是 1995 年利伯曼提出的教师专业的五个评判标准之一,且位列五个标准之首。教师是在教育系统中与学生接触最密切、影响最深远、辐射最广泛的一个群体。教师的理念、教师的学识、教师的素养不但关系

---

① 陈建翔,王松涛. 新教育:为学习服务[M]. 北京:教育科学出版社,2002:15.
② 教育部师范教育司. 教师专业化的理论与实践(修订版)[M]. 北京:人民教育出版社,2003:32.

着学生的成长,而且关系着整个教育事业的兴旺繁荣。重塑教师文化,不仅希望教师能够享受到一种和谐、幸福的文化氛围,养成健全的人格,更希望教师用幸福的人生体味、健全的人格特征、专业的知识与精神去影响、教育学生,真正地去关心、关怀学生,为学生提供优质的教育与服务,让学生体会教育的美好、人性的美好。教育是一种以服务为宗旨的工作,这就要求教育者在教育过程中具有高度的责任感、责任心和爱心,以专业化的知识与技能、人性化的方式去充分展现教育服务的魅力。教师服务说到底就是一种爱的表达,是教师将对教育事业的热爱投射在学生身上,表现为对学生的关心、理解、引导与帮助。

过去的教育是权力教育,儿童经常屈服于成年人的权力之下。今天的教育是民主下的教育,老师们之所以觉得难题重重,一个很大的理由是单纯的爱或单纯的控制没有效力了。现在的孩子更需要的是接纳和理解,不希望老师居高临下地说教,而更希望得到方向的引导和策略的帮助,以及陪伴成长的感觉。(摘自 C 老师的教育反思)

因此,向以打造关怀学生的服务文化转型,教师要转变理念,把关怀、服务的思想融入教学与管理,提高自身的批判反思意识,提升专业能力与专业素养,增强自身的服务能力和水平。

(一)将关怀伦理融入师生关系

关怀伦理学起源于母婴关系中体现出来的"自然性关心"。关怀这一术语含义广泛,含有"发现""挂念""顾虑""在意""惦记""关照""照料""喜欢""爱""顺从""希望"等意思。关怀是一种表达对关怀对象操心、怜恤、养育照料的人与人、人与生物、人与物体之间关系的术语。关怀具有如下特征:关心主体与被关心对象之间的关系,要求关心主体率先立足于被关心对象的苦衷和情感。关怀伦理学把一切有关爱心、操心的活动视为伦理活动,主要关心的是同他人的关系,不但考虑在同他人的关系中发生了什么,而且关心行为者和他人是如何感受、应答这种关系的。它以创造出同他人共同成长的关系作为核心目的。

虽然女性主义研究者将关怀的核心思想归结为女性的关系性体验,但研究女性主义伦理学的诺丁斯认为,"关怀作为一种道德取向是不限于一个领域或一个性别的"①。她认为,男性和女性如果分享关怀的酸甜苦辣,都可以丰富人生。在教育领域中,将关怀伦理学渗透于教育中,成为关怀型教师,意味着男教师可以深刻地体会"最严肃意义上的关怀就是帮助他人成长,帮助他人实现自我",女教师则可以把传统意义上女性承担的关怀或关照他人的责任迁移到教育中。由此,可以在教育者和受教育者间建立信任与应答关系。

将关怀伦理融入师生关系,意味着把教育中的相遇变为关怀性相遇,即关怀关系。"教育可以被视为许多有意或无意的相遇经历,这些经历通过促使学生习得知识、技能、提高理解力和鉴别能力而促进其发展。"②要真正实现教育经历成为学生成长的动力,就应当把看似偶然的相遇变为关怀性相遇。关怀性相遇的根本特征在于关注——接受性的关注。关注是关怀者"心灵释放出所有的空间,来接受面前的这个人,如其所是地、真真实实地接受他"③。除了关注这一关怀者的关怀意识特征外,关怀者还有一个"动机移置"特征,即理解并为被关怀者提供他所需要的一切帮助,如倾听、解难答疑。换言之,关怀性相遇对于关怀者来说,其主要特征在于显示一种关怀努力。但这还不构成真正的关怀,只有当被关怀者认识到或承认关怀时,关怀关系才形成。被关怀者的回应是对关怀的内在回报,没有这些回应,关怀者会感到失望、疲惫和力不从心。因此,教师将关怀伦理融入师生关系中不是简单地把自认为的"关心"投射给学生就可以实现关怀,而是必须追问这些行为在学生身上产生的影响,学生是否体验和感受到了这种关怀。

将关怀伦理融入师生关系,意味着教师应适当满足学生的合理期待。诺丁斯认为,"如果我们把关怀看作一种令人向往的关系属性,那么我们的出发点就可能会倾向于被关怀者、其需要以及关怀者对被关怀者的需要做出的回应"④。人与人的相遇,一方或双方有着特定的需要,这种需要或许隐性,或许显性。学生被父母送到学校,在学校这个特定场域与教师相遇,他们有着种种需求与期

---

① 〔美〕内尔·诺丁斯. 始于家庭:关怀与社会政策[M]. 侯晶晶,译. 北京:教育科学出版社,2006:2.
② 〔美〕内尔·诺丁斯. 始于家庭:关怀与社会政策[M]. 侯晶晶,译. 北京:教育科学出版社,2006:285.
③ 〔美〕内尔·诺丁斯. 始于家庭:关怀与社会政策[M]. 侯晶晶,译. 北京:教育科学出版社,2006:15.
④ 〔美〕内尔·诺丁斯. 始于家庭:关怀与社会政策[M]. 侯晶晶,译. 北京:教育科学出版社,2006:12.

待。学生的合理期待可分为两类：一类是在教育中自然得到的东西，如受教育的机会、知识、技能、情感的支持、得到保护免受伤害、道德修养；另一类是用行动赢得的，例如，取得好成绩得到教师的表扬，做好事受到学校的表彰。这个层面的期待是条件性的，其合法性取决于可得到的资源、相互竞争的要求以及这些明示的需要或需要的可接受性。关怀型教师不仅应当满足学生的合理的基本期待（第一类），还应当重视并尽可能实现和满足学生的条件性期待，因为只有当学生感到能通过自己的行为赢得某些权利和回报时，他们才会更信赖和认可教师。

2012年11月底，某市中学初三的一位女物理老师和学生打赌，称只要班上有同学在期中考试中拿到100分，且班上平均分名列年级第一，她就在课堂上跳骑马舞。当班级考试成绩如愿以偿获得了年级第一，并有人拿了100分后，老师兑现诺言，在课堂上大秀骑马舞，让学生欢呼不已。这位女老师的行为受到了很多学生和家长的赞赏，夸她"好有爱""好欢乐"，并希望多一些这样与学生打成一片，满足学生合理期待的好老师。（调研中教师举的例子）

（二）养成批判反思意识

"每个人的存在，或多或少地像是生活在他们自己文化水体中的鱼，对于始终存在于日常思考和行动中的文化力量，他们普遍将其视为自然而然的事情，并将之看作完全是'本性的'。"[1]要实现教师文化的转型，教师应努力培养自身的批判反思意识。批判反思意识是教师对在职业中长期形成的教育思想、知识、观念和为教师们所共同认可的体系或范式进行价值判断，对看似合理的管理制度进行质疑，对教学过程中形成的惯例和惯性进行思考，对教师基于何种目的的使用对学生的权力和权威进行考量。换言之，批判反思意识要求教师对被常识掩盖之下的实践经历进行真正理解和探究，进而使其成长为批判反思型教师。例如，对于教育情境的不确定性，批判反思型教师往往有着准确的理解，他们清楚教育情境的不确定性是教育的魅力所在，正是其内在的随机性、偶然性、

---

[1] 〔英〕戴维·英格利斯. 文化与日常生活[M]. 张秋月，周雷亚，译. 北京：中央编译出版社，2010：48.

不可预见性,对教师的教育智慧提出了挑战;对于"面子"问题,批判反思型教师有着清醒的认识,只有提升"里子"才会更有"面子";对于教师"道德人"的形象设计,批判反思型教师明白只有认真成为健康的自然人、社会人,才有可能成为"道德人"。总之,成为批判反思型教师需要教师从多角度来看待问题,并习惯于对种种貌似合理的现象进行质疑,进而提升自己的教育自信和教学勇气。

教师应养成自我反思的意识与习惯。教师可以通过学生的学习日志、问题诊断、参与者学习文件夹等从学生眼中认识自己。因为"评判良好教学实践最基本的元标准就是教师在何种程度上从学生的眼中看自己"①,透过学生的视角看待自己的教学,有助于教师从学生的立场来审视课堂教学。

教师可以通过和同事一起组织开展对话来认识自我。通过对话,教师会发现其他教师和自己一样面临和遭遇矛盾与困惑;通过对话,教师会了解自己有哪些错误的假定;对话可以给教师提供反思的线索与机会,开发教师的潜能与智慧。这种批判式对话不仅应在教师间进行,还应当在教师与管理者间进行。教师与管理者间由于缺乏必要的沟通,缺少交流的有效途径,容易产生隔阂。通过开展对话,教师与管理者可以增进对彼此的了解,缩小情感距离。

教师可以通过家长会、家校联系簿、电话、短信、QQ、微信等与家长进行对话来反思自己的教育主张。教师往往从教育者的视角看待学生,从学生在学校中的表现来了解他们,实施自己的教育主张;而与家长展开对话后,教师就能清楚自己的教育行为对学生所产生的影响,并评判自己的教育行为是否妥当。

教师可以通过对理论书籍的阅读来识别自己的实践并丰富自己看问题的视角。理论学习不仅可以使教师了解学生认知和发展的过程,还可以通过学习其他教师的自传故事获得启迪与启示。阅读理论和教育学文献,可以甄别在教育情境中哪些是自己的教学能力不足造成的困境,哪些是教育本身的因素造成的无能为力;阅读还可以帮助解释阶层、文化和性别的不平等如何在教学中起作用。

通过批判反思,教师会发现教学中的困难与困境不是个体性的,而具有集

---

① 〔美〕Stephen D, Brookfield. 批判反思型教师 ABC[M]. 张伟,译. 北京:中国轻工业出版社,2002:44.

体性和共性色彩;通过批判反思,教师可以意识到"教"是为"学"服务的,不以学生的"学"为出发点和归宿的"教"没有任何意义;通过批判反思,教师会形成自己的思想,发出自己的声音,增强自己的信心和勇气,从而形成新的文化价值观。

(三)提高专业能力,培养专业素养

教师的专业能力和专业素养是对教师赋权、进行教师评价体系改革的前提。我国台湾学者周淑卿曾明确指出,赋权不仅意味着自上而下地授予教师专业自主权,还包括教师"有能力行使其自主权"[①],"专业自主既不是外部授予的'人赋'权利,也不是教师天然具有的'天赋'权利,而是真正专业化的教育实践活动的内生权利"[②],专业自主权是既被制度认可,又通过教师的专业实践和长期的学习而逐步获得的。因此,重构教师文化需要从提高教师的专业能力和专业素养入手。

第一,教师是帮助学生健康成长的人,因此教师应围绕如何提高自己的专业能力上下功夫。例如,在知识方面,教师应该掌握关于人的学习与发展的知识;为使学生产生良好的学习体验,掌握所教学科和有关教学法的知识;掌握针对不同学生因材施教的教学方法的知识;掌握关于学习情境的知识。在能力方面,教师要思考怎样使用形成性评价和总结性评价去提高学生的学习能力,并确保学生获得持续发展;运用教学策略激励学生发展批判性思维和解决问题的能力;使用有效的语言和非语言交流技巧激发学生探究、合作和沟通的能力;如何创设鼓励学生积极参与社会互动、主动学习和自我激励的学习环境的能力;培养与同事、家长的友好关系以利于学生的学习和健康成长的能力。

第二,教师还需要在提高自己的专业决策能力上下功夫。教师需要关注自身探究、反思、批判能力的培养,养成注重参与专业事务决策的习惯,使自己能够改变在专业上安于现状、固着于已有的教学惯例和惯性的情况,树立专业自信。

---

① 周淑卿. 课程发展与教师专业[M]. 北京:九州出版社,2006:36.
② 康永久. 教师专业化的组织激励[J]. 教育科学研究,2006(11):58-60.

第三,教师还应培养和锻炼自己的管理决策与能力,积极参与学校事务,获得参与学校事务管理的话语权。

第四,教师要在提高自身的专业素养上下功夫,使自己不仅具有一定的道德敏感性,还能运用伦理知识进行恰当的道德判断和道德选择,处理好在教育实践中面临的道德问题。强调教师的道德引领与道德责任并不是要求教师所做的每件事都必须具有道德意义,而是希望教师能够意识到他们采取的任何行动都可能具有潜在的道德意义。

第五,教师应致力于专业共同体的组织和建设,通过专业共同体的专业性、合作性和相互尊重性,树立专业共同体的权威,维护教师的合法权益。

总之,教师文化的完善需要政府、学校、教师共同努力,为教师的健康发展提供良好的文化生态环境,让他们满怀希望、身心愉快、充满激情地投入工作与生活。

结　语

　　行文至此,该到为全书画上句号的时候了。作为教师,我总是不经意间把关注的目光投向这个群体。我愿意和他们分享做教师的幸福与欣慰,也愿意和他们分担做教师的辛苦与辛酸。作为研究者,我自然会首先想到研究这个我始终关注的群体——教师,而当我真正投入研究时却感到惶惑与不安,因为教师文化本身是一个复杂的选题,我不确信自己是否能真正把握并透彻地研究。

　　研究完成后再回顾研究本身,确实存在不少不足之处。首先,由于时间、精力等原因,对教师文化的调查只涉及了四个省份和一个直辖市,没有在全国范围内广泛进行调研,样本没有覆盖全国所有省份。其次,没有对教师文化的层次性和地域性进行区分。中学与小学、城市与农村的教师文化存在一定的差别。虽然调查范围涉及了中学与小学、城市与农村的教师,但由于时间不够,没有进行对比分析与研究,这也将是今后要进行的后续研究。再次,本书中的教师文化是针对教师群体的,不能用来说明教师个体的文化价值取向,因此不适用于个体教师文化。

　　教师是一个人数众多,有着重要影响力,关系到家庭、国家、民族福祉的职业群体,对教师文化的研究与反思有助于洞见教师群体的样态,借此理解教师行为,完善教师品格,改善教师的职业生活,改进教师选拔、培养与评价制度,提升教师的生活品质。

参考文献

[1] 〔英〕爱德华·泰勒. 原始文化:神话、哲学、宗教、语言、艺术和习俗发展之研究[M]. 连树声,译. 昆明:广西师范大学出版社,2005.

[2] 〔法〕爱弥尔·涂尔干. 道德教育[M]. 陈光金,沈杰,朱谐汉,译. 上海:上海人民出版社,2006.

[3] 〔德〕艾克哈特·托尔. 灵性的觉醒[M]. 张德芬,译. 海口:南方出版社,2008.

[4] 〔德〕艾克哈特·托利当下的力量[M]. 曹植,译. 北京:中信出版社,2009.

[5] 〔英〕安东尼·吉登斯. 现代性的后果[M]. 田禾,译. 南京:译林出版社,2011.

[6] 〔英〕安东尼·吉登斯. 现代性与自我认同:现代晚期的自我与社会[M]. 赵旭东,方文,译. 北京:生活·读书·新知三联书店,1998.

[7] 〔法〕埃德加·莫兰. 复杂性理论与教育问题[M]. 陈一壮,译. 北京:北京大学出版社,2004.

[8] 〔美〕埃·弗罗姆. 为自己的人[M]. 孙依依,译. 上海:三联书店,1999.

[9] 〔美〕埃德加·沙因. 组织文化与领导力[M]. 马红宇,王斌,等译. 北京:中国人民大学出版社,2011.

[10] 〔美〕彼得·M. 布劳. 社会中的交换与权力[M]. 李国武,译. 北京:商务印书馆,2008.

[11] 〔美〕彼得·布劳,马歇尔·梅耶. 现代社会中的科层制[M]. 马戎,等译. 上海:学林出版社,2001.

[12] 卞孝萱. 韩愈集[C]. 南京:凤凰出版社,2006.

[13] 〔法〕布尔迪约 P,帕丝隆 J-C. 再生产:一种教育系统理论的要点[M]. 北京:商务印书馆,2002.

[14] 陈向明. 质的研究方法与社会科学研究[M]. 北京:教育科学出版社,2000.

[15] 陈永明. 教师教育研究[M]. 上海:华东师范大学出版社,2003.

[16] 〔美〕恩伯 C,恩伯 M. 文化的变异[M]. 杜杉杉,译. 沈阳:辽宁人民出版社,1988.

[17] 杜维明. 人性与自我修养[M]. 北京:中国和平出版社,1988.

[18] 〔美〕约翰逊 D P. 社会学理论[M]. 南开大学社会学系,译. 北京:国际文化出版公司,1988.

[19] 〔英〕戴维·英格利斯. 文化与日常生活[M]. 张秋月,周雷亚,译. 北京:中央编译出版社,2010.

[20] 〔美〕戴维·W. 约翰逊,罗杰·T. 约翰逊. 领导合作型学校[M]. 唐宗清,等译. 上海:上海教育出版社,2005.

[21] 冯川. 弗洛姆文集[M]. 北京:改革出版社,1997.

[22] 〔美〕费斯勒,〔英〕克里斯坦森. 教师职业生涯周期——教师专业发展指导. 董丽敏,等译. 北京:中国轻工业出版社,2005.

[23] 〔加〕范梅南. 教学机智——教育智慧的意蕴[M]. 李树英,译. 北京:教育科学出版社,2001.

[24] 胡适. 胡适选集[M]. 天津:天津人民出版社,1991.

[25] 黄光国,胡先缙,等. 面子:中国人的权力游戏[M]. 北京:中国人民大学出版社,2010.

[26] 何友晖,彭泗清,赵志裕. 世道人心:对中国人心理的探索[M]. 北京:北京大学出版社,2007.

[27] 华东师范大学教育系,杭州大学教育系. 现代西方资产阶级教育思想流派论著选[M]. 北京:人民教育出版社,1980.

[28] 胡东方. 谁来塑造"人类灵魂的工程师"——中国教师的透视与反思[M]. 福州:福建教育出版社,2005.

[29] 黄燕. 中国教师缺什么[M]. 杭州:浙江大学出版社,2005.

[30]〔荷〕吉尔特·霍夫斯泰德,格特·扬·霍夫斯泰德. 文化与组织——心理软件的力量[M]. 李原,孙健敏,译. 北京:中国人民大学出版社,2010.

[31]〔美〕克莱德·克鲁克洪. 文化与个人[M]. 高佳,何红,何维凌,译. 杭州:浙江人民出版社,1986.

[32]〔美〕克利福德·格尔茨. 文化的解释[M]. 韩莉,译. 南京:译林出版社,1999.

[33]〔美〕克拉克·威勒斯. 人与文化[M]. 钱岗南,傅志强,译. 北京:商务印书馆,2010.

[34]〔美〕克里斯托弗·H. 洛夫洛克. 服务营销[M]. 陆雄文,庄莉,译. 北京:中国人民大学出版社,2001.

[35] 李丽. 扰动文化的逆流——对"反文化"现象的哲学考察[M]. 北京:中国社会科学出版社,2007.

[36] 罗钢,刘象愚. 文化研究读本[M]. 北京:中国社会科学出版社,2000.

[37] 罗荣渠. 从"西化"到现代化[M]. 北京:北京大学出版社,1990.

[38] 龙宝新. 教师教育文化创新研究[M]. 北京:教育科学出版社,2009.

[39] 鲁迅. 且介亭杂文末编[M]. 上海:上海文艺出版社,1991.

[40] 陆扬,王毅. 文化研究导论[M]. 上海:复旦大学出版社,2006.

[41] 李德顺. 评价论[M]. 北京:中国人民大学出版社,1987.

[42] 厉以贤. 西方教育社会学文选[M]. 台北:五南图书出版公司,1992.

[43] 柳诒徵. 中国文化史:上[M]. 北京:中国大百科全书出版社,1988.

[44] 联合国教科文组织,国际教育发展委员会. 学会生存——教育世界的今天和明天[M]. 北京:教育科学出版社,1996.

[45] 刘云杉. 学校生活社会学[M]. 南京:南京师范大学出版社,2000.

[46]〔美〕罗洛·梅. 人的自我寻求[M]. 郭本禹,方红,译. 北京:中国人民大学出版社,2008.

[47]〔美〕露丝·本尼狄克特. 菊与刀——日本文化面面观[M]. 北塔,译. 上海:上海三联书店,2007.

[48]〔美〕理查德·迈·英格索. 谁控制了教师的工作——美国学校里的权力

与义务[M]. 庄瑜,等译. 上海:华东师范大学出版社,2009.

[49]〔美〕兰德尔·柯林斯. 互动仪式链[M]. 林聚任,王鹏,宋丽君,译. 北京:
商务印书馆,2009.

[50] 马和民. 新编教育社会学[M]. 上海:华东师范大学出版社,2009.

[51]〔法〕米歇尔·福柯. 规训与惩罚[M]. 刘北成,杨远婴,译. 北京:生活·读
书·新知三联书店,2007.

[52]〔加〕迈克尔·富兰. 变革的力量——透视教育改革[M]. 中央教育科学研
究所,加拿大多伦多国际学院,译. 北京:教育科学出版社,2004.

[53]〔德〕马丁·布伯. 我与你[M]. 陈维纲,译. 北京:生活·读书·新知三联
书店,1986.

[54]〔英〕马林诺斯基. 文化论[M]. 费孝通,译. 北京:华夏出版社,2002.

[55]〔英〕马修·阿诺德. 文化与无政府状态[M]. 韩敏中,译. 北京:生活·读
书·新知三联书店,2008.

[56]〔美〕内尔·诺丁斯. 始于家庭:关怀与社会政策[M]. 侯晶晶,译. 北京:教
育科学出版社,2006.

[57]〔美〕欧文·戈夫曼. 日常生活中的自我呈现[M]. 冯钢,译. 北京:北京大
学出版社,2008.

[58]〔美〕帕克·帕尔默. 教学勇气:漫步老师心灵[M]. 吴国珍,等译. 上海:华
东师范大学出版社,2005.

[59]〔美〕乔治·里茨尔. 社会的麦当劳化:对变化中的当代社会特征的研究
[M]. 顾建光,译. 上海:上海译文出版社,1999.

[60]〔美〕乔纳森·H. 特纳. 现代西方社会学理论[M]. 范伟达,译. 天津:天津
人民出版社,1988.

[61]〔美〕尼布尔 R. 道德的人与不道德的社会[M]. 蒋庆,等译. 贵阳:贵州人
民出版社,2007.

[62] 申继亮. 教学反思与行动研究[M]. 北京:北京师范大学出版社,2006.

[63] 宋锦添. 人生学导论[M]. 北京:中国人民大学出版社,1990.

[64] 史静寰. 走进教材与教学的性别世界[M]. 北京:教育科学出版社,2004.

[65] 苏红. 多重视角下的社会性别观[M]. 上海:上海大学出版社,2004.

[66] 唐凯麟. 西方伦理学名著提要[M]. 南昌:江西人民出版社,2000.

[67] 王海明. 伦理学原理[M]. 北京:北京大学出版社,2001.

[68] 吴康宁. 教育社会学[M]. 北京:人民教育出版社,1998.

[69] 吴康宁. 课堂教学社会学[M]. 南京:南京师范大学出版社,2009.

[70] 〔美〕瓦拉瑞尔·A. 泽丝曼尔等. 服务营销[M]. 张金成,白长虹,等译. 北京:机械工业出版社,2012.

[71] 肖川. 教师的幸福人生与专业成长[M]. 北京:新华出版社,2008.

[72] 肖川. 教育的力量[M]. 长沙:湖南教育出版社,2008.

[73] 肖川. 教育的理想与信念[M]. 长沙:岳麓书社,2006.

[74] 肖川. 成为有智慧的教师[M]. 长沙:岳麓书社,2012.

[75] 〔法〕西蒙娜·德·波伏瓦. 第二性[M]. 郑克鲁,译. 上海:上海译文出版社,2011.

[76] 叶澜,白益民,王枬,等. 教师角色与教师发展新探[M]. 北京:教育科学出版社,2001.

[77] 杨伯峻,译注. 论语[M]. 北京:中华书局,1980.

[78] 杨伯峻,译注. 孟子译注[M]. 北京:中华书局,2008.

[79] 〔美〕约翰·R. 霍尔,玛丽·乔·尼兹. 文化:社会学的视野[M]. 周晓虹,徐彬,译. 北京:商务印书馆,2009.

[80] 〔加〕伊丽莎白·坎普贝尔. 伦理型教师[M]. 王凯,杜芳芳,译. 上海:华东师范大学出版社,2011.

[81] 〔美〕约翰·杜威. 民主主义与教育[M]. 王承绪,译. 北京:人民教育出版社,2001.

[82] 〔美〕约翰·杜威. 确定性的寻求——关于知行关系的寻求[M]. 傅统先,译. 上海:上海世纪出版集团,2005.

[83] 〔美〕伊曼纽尔·沃勒斯坦. 知识的不确定性[M]. 王昺,等译. 济南:山东大学出版社,2006.

[84] 周淑卿. 课程发展与教师专业[M]. 北京:九州出版社,2006.

［85］郑新蓉. 性别与教育［M］. 北京：教育科学出版社，2005.

［86］张人杰. 国外教育社会学基本文选［M］. 上海：华东师范大学出版社，2009.

［87］〔日〕佐藤学. 课程与教师［M］. 钟启泉，译. 北京：教育科学出版社，2003.

［88］〔日〕佐藤学. 学习的快乐——走向对话［M］. 钟启泉，译. 北京：教育科学
　　　出版社，2004.

［89］张岱年. 文化与哲学［M］. 北京：中国人民大学出版社，2006.

［90］庄锡昌. 多维视野中的文化理论［M］. 杭州：浙江人民出版社，1987.

［91］郑金洲. 教育文化学［M］. 北京：人民教育出版，2000.

［92］安云凤，田国秀. 当代学校组织的科层特征分析［J］. 当代教育科学，2010
　　　（22）：8-10.

［93］白益民. 高成效教师行为特征研究［J］. 教育研究与实验，2000（4）：31-37＋
　　　73.

［94］毕田增. 教育生命视域下的教师专业发展论纲（一）［J］. 黑龙江教育学院
　　　学报，2006（1）：45-47.

［95］陈力. 前喻型教师文化——基础教育课程改革的内在需要［J］. 中小学教
　　　师培训，2005（9）：8-10.

［96］陈东平. 以中国文化为视角的霍夫斯泰德跨文化研究及其评价［M］. 江淮
　　　论坛，2008（1）：123-127.

［97］车丽娜. 教师文化功能的多维审视［J］. 当代教育科学，2010（5）：31-33.

［98］车丽娜. 教师文化的实然诊断与应然追求［J］. 教育发展研究，2007（1）：31-
　　　34.

［99］邓涛. 个人主义教师文化：误解与匡正［J］. 教师教育研究，2007（4）：37-41.

［100］邓涛，孙启林. 论个人主义教师文化及其变革［J］. 比较教育研究，2007
　　　　（6）：26-30.

［101］房喻. 努力吸引和鼓励优秀人才从事教育工作［J］. 当代教师教育，2008
　　　　（1）：4-8.

［102］樊耘，庄稼，纪晓鹏，邵芳. 组织文化的形成与流变［J］. 西安交通大学学
　　　　报（社会科学版），2008（1）：30-35.

[103] 古翠凤. 文化四维度理论视角下的教师文化研究[J]. 教育探索,2005(8):112-113.

[104] 郭莲. 文化的定义与综述[J]. 中共中央党校学报,2002(1):115-118.

[105] 高英哲,高龙刚,高洪民. 关于中小学教师职业吸引力的调查[J]. 中国成人教育,2011(10):83-86.

[106] 郭丽丽. 21世纪北欧五国基础教育课程改革的背景与特点[J]. 教育学术月刊,2010(10):73-76.

[107] 韩登亮. 教师阻抗学校变革的理性思考[J]. 当代教育科学,2011(1):3-6.

[108] 韩登亮,康延军. 教师文化影响教育改革的发展机制研究[J]. 当代教育科学,2008(19):34-36.

[109] 黄俊英. 班集体建设中教师文化与学生文化[J]. 教育导刊,1999(Z1):51-52.

[110] 惠中,丁晓龙. 流动的"马赛克"——教师文化的应然发展[J]. 上海教育科研,2007(8):31-33.

[111] 郝明君,靳玉乐. 教师文化的变革[J]. 中国教育学刊,2006(3):70-71＋74.

[112] 金崇芳. 教师文化刍议[J]. 渭南师范学院学报,2004(3):82-83.

[113] 金生鈜. 中国教育制度变革滞后带来的三个问题[J]. 中国教育学刊,2008(12):19-23.

[114] 蒋清凤,莫爱屏. 男权文化话语语境下职业女性的困境[J]. 广东外语外贸大学学报,2009(5):84-87.

[115] 康晓伟. 西方教师赋权增能研究的内涵及其发展探究[J]. 比较教育研究,2010(12):86-90.

[116] 康永久. 教师专业化的组织激励[J]. 教育科学研究,2006(11):58-60.

[117] 龙宝新,韩国强. 论身体哲学视野中的教师文化[J]. 基础教育,2010(10):9-14.

[118] 刘万海. 从"课程"到"教师":课程研究域的转向与教师文化重建[J]. 全球教育展望,2004(8):50-51＋60.

[119] 李德显,韩彩虹. 生成教育视野下教师文化的特征分析[J]. 辽宁师范大学学报(社会科学版),2009(3):67-70.

[120] 林艳. 教师文化病理现象透析[J]. 教育发展研究,2007(24):44-47.

[121] 李德显,韩彩虹. 成绩本位教师文化分析[J]. 全球教育展望,2008(12):52-57.

[122] 李霞. 信念、态度、行为:教师文化建构的三个维度[J]. 教师教育研究,2012(3):17-21.

[123] 李伟,李润洲. 论教师文化的重塑[J]. 教师教育研究,2010(6):26-28.

[124] 李润洲. 对教师评价的审视与反思[J]. 天津市教科院学报,2003(3):15-18.

[125] 李静. 论中小学教师赋权与专业发展[J]. 现代教育论丛,2008(9)15-21.

[126] 孟宪乐. 教师文化:教师专业发展的生态环境[J]. 现代教育论丛,2004(1):27-30.

[127] 孟凡丽,李斌. 我国教师文化研究:盘点与思考[J]. 西北师大学报(社会科学版),2007(3):47-51.

[128] 马玉宾,熊梅. 教师文化的变革与教师合作文化的重建[J]. 东北师大学报(哲学社会科学版),2007(4):148-154.

[129] 彭建平. 公共服务:政府存在的合法性基础[J]. 决策咨询通讯,2009(4):84-87.

[130] 彭世勇. 霍夫斯塔德文化价值理论及其研究方法[J]. 解放军外国语学院学报,2004(1):95-99.

[131] 钱薇. 浅谈教研组建设的评价[J]. 中小学管理,2006(2):4-6.

[132] 任红娟,赵正新. 从个人主义走向合作:新课程对教师文化的诉求[J]. 当代教育科学,2004(16):13-16.

[133] 帅荣梅. 论新课程背景下的教师文化重塑[J]. 漳州师范学院学报(哲学社会科学版),2009(1):153-156.

[134] 宋宏福. 教师文化及其对教师成长的意义[J]. 教育与职业,2004(15):92-94.

[135] 石艳. 学校空间与不平等性别关系的再生产[J]. 当代教育科学,2007(15):6-9.

[136] 石中英. 知识性质的转变与教育改革[J]. 清华大学教育研究,2001(2):29-36.

[137] 唐美玲. 从适应型教师文化走向创生型教师文化:论新课程成背景下的教师文化重建[J]. 基础教育参考,2006(8):39-41.

[138] 吴玉军. 现代社会与自我认同焦虑[J]. 天津社会科学,2005(6):38-43.

[139] 王莹. 成绩本位教师文化及其转向[J]. 现代教育论丛,2010(9):64-68.

[140] 韦敏. 教师马赛克文化:概念、原因及其超越[J]. 教育理论与实践,2004(5):40-44.

[141] 汪霞,钱小龙. 澳大利亚教师教育及其课程标准的改革[J]. 全球教育展望,2012(8):38-43.

[142] 魏兆锋,冯文全. 教师的不道德行为:学生不道德行为的温床[J]. 教育科学研究,2005(7):57-59.

[143] 谢翌,肖丽艳,熊丽萍. 教师的假设:中小学学校文化的深层指令[J]. 教育理论与实践,2005(21):49-53.

[144] 谢翌,马云鹏. 教师信念的形成与变革[J]. 比较教育研究,2007(6):31-35＋85.

[145] 谢翌. "单位文化":教师文化的根基[J]. 外国教育研究,2008(11):59-64.

[146] 肖川,胡乐乐. 论校本教研与教师专业成长[J]. 教师教育研究,2007(1):17-21.

[147] 徐贵权. 道德理性、道德敏感与道德宽容[J]. 探索与争鸣,2006(12):55-57.

[148] 许书明,马晓芳. 中学建立年级组的优势浅析[J]. 教学与管理,1998(9):20.

[149] 杨宏伟. 谈学校教师文化建设[J]. 基础教育参考,2004(9):15-16.

[150] 杨志宏. 教师文化重塑的困境与对策[J]. 和田师范专科学校学报,2012(2):33-35.

[151] 杨永政,阎景会. 新课程与教师文化重建[J]. 江苏教育学院学报(社会科学版),2007(1):23-24.

[152] 杨晓英. 教师文化反思[J]. 涪陵师范学院学报,2006(1):147-149.

[153] 杨晓奇. 学校管理:校长应尽快提升五种意识[J]. 中国教师 2008(5):54-55.

[154] 闫珊珊,齐明珍. 模糊限制语在大学英语课堂教学中的语用功能[J]. 才智,2010(16):131-132.

[155] 叶浩生. 文化模式及其对心理与行为的影响[J]. 心理科学,2004(5):1032-1036.

[156] 于天远,吴能全. 组织文化的定义和研究方法综述[J]. 经济管理,2009(4):178-182.

[157] 周建夷. 课程改革与教师文化身份的转型[J]. 基础教育,2009(7):17-21.

[158] 章云珠. 教师文化的反思与重建[J]. 教育探索,2007(1):73-75.

[159] 赵振杰. 论教师文化的核心、功能与结构[J]. 当代教育与文化,2010(1):97-100.

[160] 赵炳辉. 教师文化与教师专业成长[J]. 教师教育研究,2006(4):6-10.

[161] 赵复查. 现代教师文化:理念、特征与建构[J]. 武汉大学学报(哲学社会科学版),2005(4):570-574.

[162] 赵复查. 主体间性哲学视野中的教师文化[J]. 教育评论,2005(6):40-43.

[163] 赵复查. 教师文化的生命意蕴[J]. 教育评论,2006(4):38-41.

[164] 赵复查. 生命哲学视域中的教师文化[J]. 韩山师范学院学报,2007(2):87-92.

[165] 赵复查. 现代教师文化的校本建构[J]. 教育评论,2005(2):20-23.

[166] 赵昌木. 创建合作教师文化:师徒教师教育模式的运作与实施[J]. 教师教育研究,2004(4):46-49+20.

[167] 赵文平,于建霞. 多维视野中的教师文化研究[J]. 教育发展研究,2007(12):56-60.

[168] 赵中建. 美国 80 年代以来教师教育发展政策述评[J]. 全球教育展望,

2001(9):72-78.

[169] 朱家彦. 现代教师文化的校本建构[J]. 六盘水师范高等专科学校学报，2007(1):64-68.

[170] 张晓红,杨雪翠. 教师文化的转型研究[J]. 现代教育科学(普教研究)，2005(12):49-51＋48.

[171] 张华. 教师文化的逻辑视角[J]. 内蒙古师范大学学报(教育科学版)，2006(2):97-101.

[172] 张晓瑜. 课程改革与教师文化重建[J]. 教育理论与实践,2005(2):6-8.

[173] 张典兵. 教师文化:我们研究了什么[J]. 河北师范大学学报(教育科学版),2011(12):48-51.

[174] 张红洋,吴俊明. 教师文化的解构和重建:从孤立走向合作[J]. 教育理论与实践,2008(19):48-51.

[175] 张辉华. 国外教师评价新动向[J]. 外国中小学教育,2002(6):36-38.

[176] 张九洲,房慧. 当代教师文化释义[J]. 现代教育科学,2006(6):25-27.

[177] 张岱年. 中国文化的基本精神[J]. 党的文献,2006(1):94-95.

[178] 张宁娟. 中西教师文化的历史演变[J]. 教师教育研究,2006(2):38-43＋57.

[179] 张晓玲. 霍夫斯戴德的文化价值理论[J]. 山西高等学校社会科学学报，2009(2):27-28＋135.

[180] 周洪宇. 教师应成为国家教育公务员[J]. 教育与职业,2009(34):3.

[181] 钟启泉. 教师"专业化":理念、制度、课题[J]. 教育研究,2001(12):12-16.

[182] 钟祝平. 我国教师文化研究的发展趋势[J]. 中国教师,2008(14):13-14.

[183] 翟学伟. 人情、面子与权力的再生产:情理社会中的社会交换方式[J]. 社会学研究,2004(5):48-57.

[184] 周小李. 女性主义视野下的教育性别平等——源自三个隐喻的解析[J]. 华中师范大学学报(人文社会科学版),2007(6):125-130.

[185] 郑新蓉. 教师的阶层身份、社会功能与专业化:西方马克思主义关于教师的研究[J]. 教育学报,2005(3):30-34.

[186] 陈春阳. 从个人主义教师文化走向合作的教师文化[D]. 南京:南京师范大学,2006.

[187] 陈科频. 论教师文化的重建[D]. 福州:福建师范大学,2007.

[188] 陈文亮. 新课程背景下教师文化冲突研究[D]. 石家庄:河北师范大学,2008.

[189] 车丽娜. 教师文化的嬗变与重建[D]. 济南:山东师范大学,2007.

[190] 封安东. 变革教师文化之行动研究:以 Z 校为例[D]. 上海:华东师范大学,2006.

[191] 胡乃霞. 新课程背景下教师文化研究[D]. 兰州:西北师范大学,2009.

[192] 胡健. ×小学教师文化现象的实证研究:基于对×小学教师的调查、访谈、观察和分析[D]. 上海:华东师范大学,2010.

[193] 姜凌. 创生型教师文化的理论建构与策略研究[D]. 石家庄:河北师范大学,2008.

[194] 赖昀. 教师文化的生成与建设研究[D]. 湘潭:湖南科技大学,2010.

[195] 李清臣. 基于专业发展的教师精神文化研究[D]. 兰州:西北师范大学,2009.

[196] 马玉宾. 新课程背景下教师合作文化重建:一所小学的个案研究[D]. 长春:东北师范大学,2007.

[197] 谢翌. 教师信念:学校教育中的"幽灵":一所普通中学的个案研究[D]. 长春:东北师范大学,2006.

[198] 辛守涛. 派别主义教师文化研究[D]. 济南:山东师范大学,2008.

[199] 殷展华. 组织行为学视角下农村中学教师文化研究[D]. 武汉:华中师范大学,2010.

[200] 翟莉. 教师文化的三大倾向及其对师生关系的负影响[D]. 芜湖:安徽师范大学,2005.

[201] 赵楠. 论教师文化的三大倾向对教师职业倦怠的影响[D]. 长春:东北师范大学,2007.

[202] 张莉. 教师文化研究:基于教师休息室的教师文化透视[D]. 济南:山东师

范大学,2008.

[203] 周海玲. 制度下的教师文化[D]. 上海:华东师范大学,2005.

[204] Clandinin D J. Classroom Practice:Teacher Images in Action[M]. London:Falmer Press,1986.

[205] Grumet M. Bitter Milk:Women and Teaching[M]. Boston:University of Massachusetts Press，1988.

[206] Geertz C H M. The Interpretation of Cultures[M]. New York:Basic Books,1973.

[207] Hargreaves A. Changing Teachers，Changing Times：Teachers' Work and Culture in the Postmodern Age[M]. London：Cassel Educational Limited,1994.

[208] Hargreaves A，Fullan M G. Understanding Teacher Development[M]. New York：Teachers College Press，1992.

附录1 教师文化价值观问卷调查表

敬爱的老师:

　　您好!

　　感谢您在百忙之中抽出时间协助我们完成本次调查。为了了解教师文化的现状,特向您发放此次问卷。您的真实回答对我们的研究会有很大的帮助。本次调查结果只用于研究,我们严格为您保密。请您仔细阅读下列题目,认真、诚实地回答每一个问题。为了保证问卷的完整性,请您不要漏答题目。以下题目大部分是单选题(多选题后有注),请您在选择题的适当选项上打"√"。

　　谢谢您的真诚合作!

您的个人基本情况是:

1. 您的性别:①男　　②女

2. 您的年龄是:①30 岁以下　　②30～39 岁　　③40～49 岁　　④50 岁以上

3. 您的最高学历是:①中师　　②大专　　③本科　　④本科以上

4. 您所教学科是:①文科(语文、英语、历史、地理、政治、音乐、美术)　　②理科(数学、物理、化学、生物、信息技术、体育)

5. 您任教的学校是:①小学　　②初中　　③高中

6. 您所在的学校位于:①直辖市、省会、副省级城市　　②地市级城市　　③县级市　　④乡镇或农村

7. 您的教龄是:①3 年及以下　　②4～10 年　　③11～15 年　　④15 年以上

8. 您每天的工作时间是:①8 小时以下　　②8 小时　　③9～10 小时　　④10 小时以上

1. 您认为教师对于学生而言是:(可多选)

    A. 父母   B. 朋友   C. 领导   D. 服务人员   E. 其他

2. 您认为师生相处的原则是:

    A. 平等   B. 教师支配,学生从属   C. 学生主导,教师服务

3. 师生关系表现为:

    A. 融洽   B. 较为融洽   C. 一般   D. 不融洽

4. 您所在的学校,管理人员(包括学校领导)与教师的关系是:

    A. 管理与被管理的关系   B. 服务与被服务的关系   C. 平等的同事关系

5. 教师与管理者的关系表现为:

    A. 融洽   B. 较为融洽   C. 一般   D. 不融洽

6. 您对管理者的态度是:

    A. 敬畏   B. 尊敬   C. 支持   D. 以诚相待   E. 平等

7. 您对学校的管理或上级的要求有过对抗的言行吗?

    A. 有   B. 从未有过

    C. 偶尔有   D. 私底下反对,表面上配合

8. 您认为教师在学校中的地位:

    A. 一般   B. 有一定的地位,但地位不高

    C. 有较高的地位   D. 是学校的核心

9. 您认为管理者对于您来说:(可多选)

    A. 上下级关系   B. 决定着资源的分配

    C. 评价自己的工作   D. 处理外部关系

    E. 只是服务者而已

10. 您所在的学校,管理人员(包括学校领导)的主要职责是:(可多选)

    A. 为教学的正常运转提供服务   B. 协调外部关系

    C. 监控教师   D. 评价教师

    E. 进行资源配置   F. 制定规章,规范教师与学生的日常行为

11. 您所在的学校的管理:(可多选)

    A. 等级森严,教师没有话语权   B. 民主,教师有机会参与学校管理

C. 涣散，领导缺乏管理思路　　　D. 教师有较多的专业自主权

E. 为教师提供服务

12. 您所在的学校对教师的评价是基于：(可多选)

A. 学生的成绩　　　　　　　　B. 教师培养和处理师生关系

C. 教师的科研能力　　　　　　D. 教师的教学能力

13. 您认为，教师职业是否如医生、律师等一样，是一门专业或半专业？

A. 是的　　　　　　　　　　　B. 不是

C. 说不清楚　　　　　　　　　D. 从来没有考虑过此问题

14. 您对教师专业自主权的诉求是：

A. 强烈　　　　B. 较为强烈　　　C. 一般　　　　D. 没有这方面的诉求

15. 作为教师，您认为拥有以下哪些权利：(可多选)

A. 教科书选用权　　　　　　　B. 课程实施计划制订权

C. 教学形式和教学方法运用权　D. 评价手段使用权

E. 对学生的管理权　　　　　　F. 教学内容安排权

G. 工作时间安排权　　　　　　H. 不拥有任何权力

16. 作为教师，您最希望拥有哪些权利：(可多选)

A. 教科书选用权　　　　　　　B. 课程实施计划制订权

C. 教学形式和教学方法运用权　D. 评价手段使用权

E. 对学生的管理权　　　　　　F. 教学内容安排权

G. 工作时间安排权

17. 假如让您再选择一次，您还会选择教师职业吗？

A. 会　　　　　　　B. 不会　　　　　　　C. 很难说

18. 您有过改行的想法吗？

A. 一直有　　　　　B. 从未有过　　　　　C. 偶尔有过

19. 您上课时，使用较多的人称代词是：

A. 我　　　　　B. 我们　　　　C. 你　　　　　D. 你们

E. 他　　　　　F. 他们

20. 您与同事探讨教育教学问题的情况是：

A. 经常   B. 较多地探讨   C. 一般   D. 不探讨

21. 您认为教师间存在共有的技术文化(可共享的技术与经验)吗?

A. 有,较多   B. 有,较少   C. 没有

22. 在您的职业生涯中,是否参加过教师培训:(可多选)

A. 是   参与培训的机构是:①非师范类高校;②高等师范院校;③教育学院或教师进修学校;④专门技能培训机构;⑤上级管理部门;⑥本校;⑦其他

B. 否

23. 您接受培训的层次是:(可多选)

A. 国家级   B. 省级   C. 校级   D. 没有接受过培训

24. 参加培训对您专业发展的效果是:

A. 非常有帮助   B. 较有帮助   C. 有点帮助   D. 没有什么帮助

25. 您对参加培训的主要动力是:(可多选)

A. 提升素养,提高业务能力   B. 开阔视野,丰富阅历

C. 解决教学实践中的问题   D. 晋升职称

E. 学历达标   F. 成为学校骨干

G. 硬性规定,不得已而为之   H. 成为领导

I. 拓展人际关系,认识同行或专家

26. 您在教学生涯中有没有过不安全感或焦虑感:

A. 一直有   B. 从来没有   C. 偶尔有

27. 如果有的话,这种感受主要来自哪里?(可多选)

A. 教学效果难以评价   B. 学生难管理

C. 同事间的竞争   D. 家长、社会期望过高

E. 教学工作常被杂事打扰   F. 自己的教学是否符合考试的要求

G. 学生能否正确理解我的授课   H. 其他

28. 您在职业生涯中有没有感受到教师职业带来的冲突与困惑:

A. 一直有   B. 从来没有   C. 偶尔有

29. 如果有的话,冲突与困惑主要来自:(可多选)

A. 教学经验的不足与教学复杂性的冲突

B. 社会的高期望与教师从属地位的冲突

C. 教学工作的繁重与学校管理中的各种要求的冲突

D. 追求效率与培养人才的冲突

E. 教学改革与应试教育的冲突

F. 其他

30. 在教学过程中,您所追求的是:(可多选)

A. 课堂效率　　　　　　　B. 教学的完整性

C. 学生的听课效果　　　　D. 与教科书的一致性

E. 知识的正确性

31. 您认为在课堂上教师的主要任务是:(可多选)

A. 传递知识　　B. 控制课堂　　C. 引导学生学习

D. 完成教学任务　E. 自我表现

32. 作为教师,您认为下列哪些知识是最重要的?(可多选)

A. 学科知识　　　　　　　B. 一般教学法知识

C. 个人实践知识　　　　　D. 普通文化知识

E. 学科教学法知识　　　　F. 关于学生的知识

33. 您对知识的看法:

A. 知识是客观的　　　　　B. 知识的正确性是绝对的、唯一的

C. 知识是主观的　　　　　D. 知识的正确性是相对的

34. 作为教师,您认为技术(多媒体技术、网络技术等)的掌握和使用重要吗?

A. 重要　　　　B. 不重要　　　　C. 一般

35. 您认为技术在教学中的作用是:

A. 起主导作用　　B. 起辅助作用　　C. 不起作用

36. 您会在教学中经常尝试新的教学方法吗?

A. 会　　　　　B. 不会　　　　　C. 偶尔

37. 不会的原因是:(可多选)

A. 怕影响学生成绩　　　　B. 不知效果怎样,不敢轻易尝试

C. 害怕承担风险　　　　　D. 害怕影响教学效果

38. 您对教学改革持什么态度?

   A. 支持   B. 不支持   C. 不支持也不反对

39. 您心目中理想的家长的特点:(可多选)

   A. 配合教师的工作   B. 常与教师联系

   C. 督促学生的学习   D. 不干预教师的工作

   E. 理解并认可教师的工作

40. 您对家长的意见、建议(每次考试家长的评语)持什么态度?

   A. 非常重视,并对照完善自己的教学

   B. 漠不关心

   C. 认真阅读,但不以为然

   D. 好的建议吸收,不认同的建议置之不理

41. 您选择教师这一职业的原因是什么:(可多选)

   A. 父母做主的   B. 自己的兴趣

   C. 教师职业声望   D. 其他

42. 您认为当前中小学教师普遍的工作状态:

   A. 非常积极   B. 比较积极

   C. 得过且过   D. 被动适应

43. 从事教师职业是否幸福:

   A. 幸福   B. 较幸福   C. 一般   D. 不幸福

44. 作为教师,您最大的幸福感或成就感来自:(可多选)

   A. 学生的认同   B. 社会的认同

   C. 领导、同事的认同   D. 自我认同

45. 您对教师职业道德规范要求是否了解?

   A. 非常了解   B. 比较了解   C. 不清楚

46. 您在日常的教学活动中,对自己的教学行为进行道德反思吗?

   A. 经常会   B. 有时会   C. 很少   D. 没有过

47. 您对教师首先是一个道德从业者的看法是:

   A. 非常同意   B. 同意   C. 不确定

D. 不同意　　　　　　E. 非常不同意

48. 您对教师的言行对学生来说具有很强的示范作用的看法是：

　　A. 非常同意　　　　　B. 同意　　　　　　C. 不确定

　　D. 不同意　　　　　　E. 非常不同意

49. 下列教师品质中哪个是最重要的：

　　A. 严格要求　　B. 爱心　　　　C. 尊重信任　　D. 理解宽容

　　E. 公正　　　　F. 民主　　　　G. 平等　　　　H. 信守诺言

50. 当您在处理问题时错怪了学生，您一般会：

　　A. 坦率地向学生道歉，承认自己的错误，并采取一些补救措施

　　B. 会在事后找机会委婉地承认自己的失误

　　C. 即使认识到自己的失误，也不会在学生面前承认

　　D. 不会承认自己的失误，会找各种理由为自己开脱

51. 您在教学工作中，对教学反思是：

　　A. 从不反思　　　　　B. 很少反思　　　　　C. 有时反思

　　D. 经常反思（选择三条反思的方式：①写教学日记；②做教学档案袋；③观
　　　摩教学录像；④整理教案；⑤对比优秀教案范例；⑥与学生沟通，获得反
　　　馈；⑦教师间讨论；⑧听取同行或专家的建议）

52. 您对教育事业需要一定的奉献精神的看法是：

　　A. 非常同意　　　　　B. 同意　　　　　　C. 不确定

　　D. 不同意　　　　　　E. 非常不同意

53. 您对教师专业就是一种谋生手段的看法是：

　　A. 非常同意　　　　　B. 同意　　　　　　C. 不确定

　　D. 不同意　　　　　　E. 非常不同意

54. 您认为教师的形象是：

　　A. 道德人　　　B. 春蚕、红烛　　C. "经济人"（追求利益最大化）

　　D. 知识分子　　E. 教书匠　　　　F. 文化人　　　　G. 其他

谢谢您的合作，祝您工作、生活愉快！

附录 2　教师文化访谈提纲

1. 你选择教师这一职业的原因是什么？这一职业对你的生活有什么样的影响（包括人际交往、对子女的教育、家庭生活，等等）？作为教师，你最大的收获是什么？

2. 当你进入教育领域后，哪些方面和你期望的不同？

3. 在你心目中教师对于学生而言是什么形象？

4. 作为教师，你认为什么样的品质是最重要的？

5. 在你的教学生涯中有没有感到不安全感或焦虑感？如果有，这种感受主要来自哪里？

6. 你认为评价教师的工作是否存在困难？理想的评价方式应该是什么样的？

7. 你认为教师工作的性质和工作状态是什么样的？

8. 课堂教学计划实施如何？每节课的完整性如何？教学密度如何？

9. 你上课时主要的活动范围是在讲台附近还是在学生当中？你认为"秧田式"的教室安排对你的教学有没有影响？

10. 课堂上学生活动安排得多吗？主要是哪些活动？

11. 你在课堂上主要采用什么样的语气？主要使用哪种人称代词，是"我""我们"，还是"你们"？

12. 在课堂教学中，你最看重的是什么？

13. 你对教育改革持什么态度？在教学中你经常采用新的教育方法吗？为什么？

14. 你认为自己是"专业人员"吗？如果是，你在什么时候有这样的自信？

15. 你和学生交往持什么原则？你和学生关系如何？

16. 你和家长的来往多吗？你认为什么样的家长是你所期望的？你对家长的意

见、建议持什么态度?

17. 你认为教学工作是独立的工作还是和他人合作的工作?

18. 你和其他教师合作的情况怎样? 主要在哪些方面进行合作?

19. 你认为和同事拥有共同的专业话语吗? 你们经常研讨教学问题吗?

20. 你是否参加过继续教育活动? 对这些活动的参与性如何?

21. 学校对刚入职的新教师采取什么培训方式? 学校有没有开展各种形式的教师合作、评估活动? 如何看待这些活动?

22. 学校的管理主要采用什么模式?

23. 你认为教师在学校中的地位与权力如何? 教师在多大程度上能够参与学校管理?

24. 教师和管理人员的关系如何? 是一种什么样的关系?

25. 你认为校长对教师的主要责任是什么? 教师对校长的主要责任是什么?

26. 你认为外界了解教师吗? 他们对教师的期望与评价中肯吗? 你希望有什么样的外部环境?

后　记

　　十年前的博士论文终于出版了,这既是对三年博士学术生涯的一个总结,也是对我未来教学与科研的一种鞭策。

　　感谢北京师范大学教育学部的老师。他们的课堂滋养了我的学术素养,开阔了我的视野。

　　感谢同门的师兄、师弟、师妹。他们用真诚、真心营造出和谐、融洽的师门氛围,让我感到温暖与亲切,让我在三年的博士学习生涯中收获了手足般的情谊。

　　感谢青岛科技大学马克思主义学院的领导和老师。他们不但时常关心我的学习情况,而且为我的学习提供便利的条件,让我顺利完成学业。

　　感谢我年迈的父母,他们不远千里赶来帮我照料孩子。感谢我的爱人,他总是用行动默默支持我的选择。感谢我亲爱的女儿,求学三年错过了本该和她共度的许多美好时光,心怀内疚!如果没有家人的支持与帮助,我是难以完成学业的。

　　感谢接受调研的所有老师,没有他们的配合,就没有此项研究!

　　感谢所有关心我的人,我会在你们关注的目光中继续跋涉!

赵　联

2022 年 7 月